발달장애 & 그레이 존

아이의 미래는 초등 6년에 결정된다

95
human
therapy

발달장애 & 그레이 존

아이의 미래는 초등 6년에 결정된다

이노우에 마사히코 감수
LITALICO 발달 NAVI 편집부 협력
일본콘텐츠전문번역팀 옮김

★★★
초등
느린학습자를 위한
33개 상황과
99가지 대처법

이담북스

들어가며

이 책은 초등학생이 된 자신의 아이가 남들보다 성장 발달이 느리거나 어느 한쪽으로 치우쳐져 있다고 느끼는 부모들의 고민을 덜어주기 위해 주식회사 LITALICO가 운영하는 발달 NAVI와 손을 잡고 만들었습니다. 책은, 발달 NAVI가 부모님들을 대상으로 실시한 설문조사에서 특히 언급이 많이 되었던 내용을 중심으로 '고민'을 소개합니다. 아이들 행동의 원인을 깨닫고, 그러한 이해를 바탕으로 환경을 바꾸는 등의 다양한 방법을 통해 부모와 아이가 모두 성공을 경험할 수 있기를 바랍니다.

이 책은 기본적으로 고민 하나에 세 가지의 해결 방법을 제시합니다. 그러나 같은 행동이더라도 아이마다 그 원인과 해결 방법은 다릅니다. 또한 제시한 것 외에도 문제의 원인이나 해결 방법은 분명 있습니다. 제시한 해결 방법을 그대로 적용하기보다는 이를 단서로 삼아 아이에게 맞게 응용해보세요. 각 장에서는 '예정이나 단서를 가시화하기', '미리 알려주기', '구체적으로 규칙 정하기', '스스로 결정하게 하기', '스몰 스텝small step으로 접근하기', '많이 칭찬하기' 등의 공통된 방법을 소개합니다. 시행착오를 거치면서 자신의 아이에게 맞는 육아 요령을 찾아보시기 바랍니다.

때로는 아무리 노력해도 해결되지 않을 수 있습니다. 다른 이들과 같지 않다고 해서 이를 반드시 문제라고 볼 수 없습니다. 관점을 바꾸면 문제가 아닐 수도 있고, 나아가 '문제'가 아닌 '미숙함'이라는 하나의 개성으로 생각하면 마음이 편해질 겁니다. 이를 위해서는 미숙한 점을 스스로 극복하라고 가르치지 말고 도움을 요청하도록 가르쳐야 합니다.

또한, 이 책에서 소개하는 '고민' 중에는 가정 내에서 연구하면서 개선할 수 있는 것도 있지만, 학교 활동의 참가나 교우 관계처럼 부모의 노력만으로는 해결하기 어려운 것도 포함합니다. 학교생활 적응과 관련된 문제는 대부분 학교 선생님들과 함께 이해하고 연계해야 합니다. 혼자서 고민하지 말고 용기를 내어 학교 선생님들에게, 그도 어렵다면 다른 지원자와 상담하기를 바랍니다.

초등학교 고학년은 사춘기가 시작되는 시기입니다. 신체적, 정신적으로 성장하는 아이들은 자신의 의지로 생각하고 행동하면서 어른이 될 준비를 합니다. 이러한 준비가 부모의 눈에는 반항하거나 말을 듣지 않는다고 비칠 수 있습니다. 언뜻 말이 안 되는 것처럼 느껴지는 아이의 이야기에 귀를 기울이고 함께 고민하는 일은 부모에게도 쉽지 않습니다. 그러나, 그럼에도 마음을 털어놓을 수 있는 부모나 혹은 또 다른 누군가가 있다는 사실은 아이의 인생에서 매우 중요합니다.

육아에 정답은 없습니다. 그리고 부모 자신도 아이를 키우며 부모로서 성장해 갑니다. 부모로서 자신감이 떨어질 때는 아이의 미숙한 점만 바라보지 말고 아이가 잘 하거나 좋아하는 일로 시선을 돌려봅시다. 해결의 실마리를 찾을 수 있을지도 모릅니다. 좋아하는 일에 집중하며 웃는 아이의 얼굴은 큰 힘이 될 것입니다.

아무쪼록 이 책이 많은 부모와 아이가 일상생활에서 성공을 경험할 수 있는 계기가 되기를 바랍니다.

이노우에 마사히코

목차

제1장

불안한 건
모두가 마찬가지

1 고민은 혼자만 있는 게 아니다

◆ 입학하는 순간, 사소한 문제가 큰 문제로 커지는 이유

아이가 떼를 쓰거나 고집을 부려 곤란한 일을 겪어도 '다른 아이들보다 다소 지나치게 활달할 뿐', '개성이 강할 뿐'이라고 생각하지는 않았는지 돌아보자. 지금까지는 문제가 생겼을 때 유치원이나 어린이집 선생님이 적절한 도움을 주었기에 대수롭지 않게 여기며 지내왔을 수 있다. 그러나, 아이의 초등학교 입학을 계기로 지금까지 느꼈던 작은 불안이 갑자기 크게 느껴지는 분들도 분명 있을 것이라고 생각한다. 취학 상담 때 넌지시 특수학급을 추천받거나, 입학 전 건강검진에서 학교로부터 약간의 주의가 필요한 아이라는 말을 듣고 충격을 받았을 수도 있다. 그러한 일이 없었다 하더라도 입학해보니 아이가 시간표대로 움직이는 걸 싫어하거나 집단행동에 어울리지 못하기도 하고, 수업을 방해하기도 해 담임 선생님으로부터 상담 요청 전화가 걸려온다며 고민하는 부모님도 있다.

입학 전까지는 가족이나 유치원, 어린이집 선생님의 이해 속에 아이의 고집이나 개성을 다스려 왔는지는 몰라도, 초등학교는 다를 수 있다. 학교에서는 담임 선생님 한 명이 돌봐야 하는 아이의 수가 20명 이상이므로[1], 집단행동에서 낙오된다면 한층 더 눈에 띄어 담임 선생님이 부담스러워 할

---

1 한국교육개발원 「교육통계분석자료집」에 따르면 2022년 기준 초등학교의 한 학급당 학생 수는 21.5명이다.

수 있다. 지금까지는 별 것 아니었던 문제가 초등학교에 입학한 순간부터 '큰 문제'가 되어 마치 자신과 아이만이 잘못한 것 같은 착각에 빠질 수도 있다.

"초등학교에 입학하면 잘 적응할 수 있을까?"

"학교에서 계속 연락이 오는데, 고학년이 되어도 똑같으면 어쩌지."

"아이의 기질을 존중해 주는 것과는 별개로 집단생활을 잘 할 수 있는 방법을 찾고 싶어."

이 책은 같은 고민을 가진 부모와 그 관계자들을 위한 정보 사이트 〈발달 NAVI〉에 접수된 많은 고민과 의견을 바탕으로 꾸려졌다. 본인과 비슷한 환경에 처한 가족들의 다양한 고민에 분명 공감할 수 있을 것이다.

2 아이의 미숙함부터 이해하자

◆ 아이는 무엇을 어려워할까?

최근, 발달장애라는 단어가 일상적으로 널리 사용되면서 예전보다는 지원의 폭이 넓어졌다. 만일 발달장애 진단을 받더라도 주변의 이해와 좋은 환경만 있다면 아이와 부모가 생활하면서 어려움을 겪을 일은 많지 않다. 하지만, 발달장애에 대한 이해도가 낮은 몇몇 일반 초등학교 때문에 고민하는 부모가 많다. 또한, 발달장애 진단을 받지 않았더라도 개성이 강해 주변과 잘 어울리지 못하는 아이, 이른바 '그레이 존gray zone'에 속하는 아이들 중에는 선생님과 학교 측의 이해 부족으로 적절한 대처를 받지 못해 어려움을 호소하기도 한다.

발달장애 유무를 떠나, 아이가 초등학교 생활에 적응하지 못한다면 우선은 '아이가 어려워하는 일이 무엇인지' 이해해야 한다. 어른의 시선으로 '문제아'라 단정 짓지 말고 아이의 입장에서 무엇이 어려운지를 함께 생각해야 한다. '매일 같은 옷을 고집'하는 경우를 예로 들어보자. 부모는 옷을 세탁해야 하니 문제라고 생각하지만, 아이는 안정감을 얻기 위해 고집하는 것이니 문제가 아닐 수도 있다. 그러니 이게 정말로 문제 행동인지 생각해보는 것도 하나의 방법이다.

아이의 고집을 꺾지 못했다고 해서 아이에게 졌다거나 훈육이 잘못되었다며 자기 혐오에 빠질 필요는 없다. 다만, 부모의 기분이나 사회적인 규범

도 고려한다면 무조건 아이의 요구를 존중할 수만은 없다. 아이의 고집이나 요구를 무턱대고 억누르지 말고 절충해 나가는 것이 중요하다.

'아이의 잦은 짜증'은 육아의 어려움을 얘기할 때 자주 등장하는 단골 메뉴다. 가족에게는 힘든 일이지만, 아이에게 가족이란 '자신을 가장 잘 아는 사람', '제일 알아주길 바라는 사람'이므로 안심하고 감정을 표출하는 것이다. 짜증을 부릴 때는 대개 아이 나름의 '고집'이 원인으로 지목된다. '나만의 규칙이 있다', '승부에 집착한다', '갖고 싶은 게 있다'와 같은 고집을 부모가 말리려고 하면 짜증으로 이어진다.

집에서만 짜증을 부린다면 또 모르지만, 학교에서도 자기 마음대로 하기 위해 짜증을 낸다면 집단생활이 어려워진다. 그러므로 아이의 고집은 이해하되 가족들과 함께 조금씩 주위 사람들, 사회와 타협하는 연습을 시작하자.

◆ 아이의 행동 패턴에서 대책이 보인다

짜증을 달래는 것도 좋지만, 짜증을 내는 이유를 근본적으로 파악하지 않으면 해결되지 않는다. 같은 일로 짜증을 부리는 일만 반복될 것이다. 또한 지금 확실히 훈육하지 않으면 나중에 응석받이가 될 수도 있다고 걱정하는 마음은 이해하지만, 아이의 고집을 억지로 꺾으려 한다면 오히려 역효과를 낳는다. 우선은, '어떤 때 초조해하거나 짜증을 내는지' 그 패턴을 관찰하자. 고집을 부리는 패턴을 파악하거나 주변 환경을 바꿔보며 아이를 다룰 방법을 고민하는 것이다. 아이의 기분을 제대로 존중한다면 초조함이나 짜증을 어느 정도 막을 수 있다.

부모야 자녀의 특성이 고민이겠지만, 사실 아이 본인은 신경 쓰지 않거나 아이들끼리는 알아차리지 못하는 경우도 종종 있다. 그러한 경우, '눈치채지 못한 아이를 어떻게 대하는지' 또한 중요한 과제다.

사실 아이에게서 발달장애나 그 밖의 다른 특징을 발견했을 때 이 사실을 곧바로 받아들이기란 쉬운 일이 아니다. 머리로는 이해하면서도 무심코 심하게 혼내기도 한다. 하지만, 그렇다고 해서 결코 자책할 필요는 없다. 초등학교 고학년 정도 되어 사춘기에 접어들면 열이면 열 부모의 말을 듣지 않게 된다. 되도록 중학생 때까지는 아이와의 커뮤니케이션을 통해 부모의 기분과 아이의 특성 사이에서 타협점을 찾는 연습을 해두자.

3 발달장애란?

◆ 발달장애의 세 가지 유형과 그레이 존

 '발달장애'는 정확하게 어떤 것일까? 여기서 다시 한번 짚어보자. 발달장애란, 선천적으로 뇌의 어떤 기능에 문제가 있어 균형 있는 발달이 이뤄지지 않는 장애를 가리킨다. 잘하는 것과 그렇지 않은 것의 차이가 있고 그 사람이 지내는 환경이나 주위 사람들과의 관계가 어긋나 있어 사회생활에 어려움을 겪게 되는데, 그 증상이나 문제는 가지각색이다.

 겉으로는 잘 드러나지 않기 때문에 주위로부터 '제멋대로', '고집불통', '문제아'라는 소리를 듣기도 하고, '게으르다'라거나 '부모의 양육 방식이 잘못되었다'와 같은 오해를 받는 일도 적지 않다('양육 방식이 잘못되었다'와 같은 심인론心因論은 현재 의학계에서는 부정하고 있다). 다행히 잘하는 것과 그렇지 못한 것의 차이에서 오는 어려움은 환경을 바꾸고 특성에 맞는 교육 기회를 제공하면 줄어든다고 한다. 따라서 아이와 주변 사람들이 그 아이의 기질이나 능력, 희망 등을 이해한 상태에서 그에 맞는 지원을 하는 일이 중요하다.

 발달장애는 그 증상이나 특성이 제각각인데, 다양한 특성을 골고루 갖춘 사람도 있다. 하지만, 일반적으로는 크게 다음의 세 가지 유형으로 분류한다.

1. 자폐 스펙트럼 장애(Autism Spectrum Disorder, ASD)

자폐 스펙트럼 장애는 태어날 때부터 갖고 있는 선천적인 발달장애 중 하나이다. 훈육이나 애정 결핍 등이 직접적인 원인은 아니다. 일반적으로 ① 사회적 상호작용과 관련된 장애, ② 제한적인 관심이라는 두 가지 특징을 보인다고 알려져 있다.

자폐 스펙트럼 장애가 있는 아이는 대인관계를 어려워하거나 특정한 것에 유난히 집착하기도 하고 패턴화된 행동을 좋아하는 특징이 있다. 또한, 유아기에는 주로 사람과 눈을 마주치지 않고 주변에 있는 아이에게 관심이 없으며 대화를 잘 이어나가지를 못하기도 하고, 일의 순서가 바뀌면 혼란을 느낀다. 대화의 이면이나 행간을 읽는 것이 미숙하고 아이콘택트의 의미, 사람의 표정을 이해하지 못하며 분위기를 파악하지 못하고 직설적인 발언을 하기도 한다.

학령기가 되면 집단과 어울리지 못하고, 규칙이 확실하지 않을 때 임기응변으로 대응하지 못하기도 하며 자신의 기분을 말로 잘 표현하지 못한다. 특정 과목만 성적이 뛰어나고 다른 과목은 성적이 좋지 않은 등 극단적인 경우가 눈에 띄기도 한다. 빛과 소리, 맛과 냄새, 촉감 등에 민감한 감각 과민, 반대로 통증이나 오감 자극에 대한 반응이 둔한 감각 저하(hypesthesia)를 앓는 사람도 많다.

'자폐 스펙트럼 장애'는 원래 '광범위성 발달장애(pervasive developmental disorder, PDD)'라는 카테고리 안에 '자폐증'이라는 진단으로 규정되어 있었다. 그러나, 2013년에 간행된 미국 정신 의학회의 정신 질환 진단·통계 매뉴얼인 'DSM-5'에서는 '자폐 스펙트럼증/자폐 스펙트럼 장애'로 명칭이

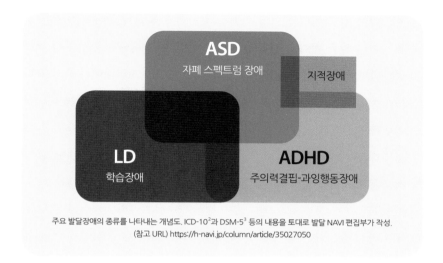

주요 발달장애의 종류를 나타내는 개념도. ICD-10[2]과 DSM-5[3] 등의 내용을 토대로 발달 NAVI 편집부가 작성. (참고 URL) https://h-navi.jp/column/article/35027050

통합되었다. 여기에는 지금까지 '자폐성 장애', '아스퍼거 증후군' 등으로 불리던 몇몇 병명이 모두 포함된다. 즉, DSM-5에서는 이들이 별개의 것이 아닌 스펙트럼(연속된) 장애라는 견해를 새로이 인정한 것이다.

2. 주의력결핍─과잉행동장애
(Attention Deficit/Hyperactivity Disorder, ADHD)

집중력이 떨어지는 부주의, 가만히 있지 못하는 다동성多動性, 떠오르는 대로 행동에 옮기는 충동성과 같은 증상이 발견되는 장애다. 단, 각각의 증상이 나타나는 강도는 사람에 따라 다르다. 예를 들어, '부주의' 특징이 강한 유형은 수업에 집중하지 못하거나 준비물을 잊어버리는 경우가 많다.

---

2 질병 및 관련 건강문제의 국제 통계 분류(ICD)의 10차 개정판.
3 정신질환 진단 및 통계 매뉴얼 5차 개정판.

다른 일이 신경 쓰이면 곧바로 한눈을 팔면서도 자신이 좋아하는 일은 열중한 나머지 말을 걸어도 전혀 눈치채지 못한다. '다동성·충동성'이 강하게 나타나는 유형은 계속 움직이지 않으면 불안해하고 감정이나 욕구를 다스리는데 미숙한 경향이 있다. '부주의'와 '다동성·충동성'은 함께 나타나기도 한다.

3. 학습장애(Learning Disabilities, LD)

전반적인 지능 발달에 문제는 없지만, 읽기나 쓰기, 대화, 계산과 같은 부분에서 어려움을 겪는 장애다. 읽기 장애, 쓰기 장애, 산수 장애 등 사람에 따라 나타나는 증상은 다르다. 대개 본격적인 학습에 들어가는 초등학교 무렵까지는 판별이 어려워 알아차리지 못한다. 보통은 학습 도달 수준이 평균보다 1~2학년 정도 뒤처진다고 한다.

학습장애는 여러 증상이 함께 나타나는 경우가 많고 표출 방식의 정도도 일정하지 않다. 자폐 스펙트럼 장애와 ADHD를 앓는 사람 중에는 지적 장애도 함께 나타나기도 한다. 또한, 발달 시기에 따라 진단이 달라지기도 한다.

세 가지 유형과는 별개로 이른바, '발달장애의 그레이 존'이 있다. 발달장애의 특성이 일부 보이지만 진단 기준에는 미치지 못하는 상태를 가리키는 단어로, 정식 의학 용어는 아니다. 발달장애의 진단 여부는 그 기준으로 정의된 증상이나 행동이 언제부터, 어느 정도로 발생했느냐에 따라 결정되므로, 일부 기준을 충족하더라도 전체적인 기준을 만족하지 못할 수도 있어 확실하게 판별하기 어렵다.

그레이 존 아이는 발달장애를 진단받은 아이보다 양육이 수월할 거라 여겨지지만, 주변의 이해나 도움을 받기 어렵다 보니 고충이 아예 없는 건 아니다. 다행히 그레이 존도 누릴 수 있는 지원책이 있다. 이 책에서는 그러한 지원에 관한 내용도 다루고 있다.

4 발달장애 진단을 받지 못한 그레이 존 아이들

◆ 의외로 많은 그레이 존의 아이들

발달장애는 '스펙트럼'(연속체)이다. 즉, 증상 자체가 연속적이므로 아이가 진단 기준을 일부 충족하더라도 발달장애 진단을 받지 못하는 경우가 많다는 뜻이다. 증상의 표출 양상 또한 차이가 있는데, 그날, 그때의 환경이나 컨디션 등에 따라 달라진다. 따라서, 그레이 존에 놓인 일부 아이들은 이들 증상이 진단 기준에 부합할 정도로 심각한 '중증'에 해당하기도 하고 또는 해당하지 않을 정도로 가벼운 '경증'에 그치기도 한다. 다만, 발달장애나 그레이 존이라 불리는 아이들은 '경증'이라고 해서 증상이 나은 것이 아니라 '두드러지지 않을 뿐'이라고 볼 수 있다.

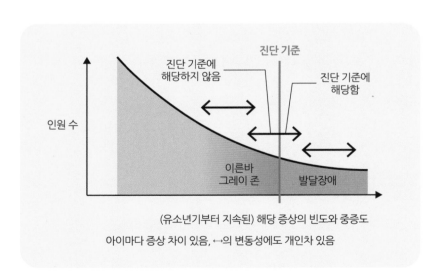

게다가 환경이 맞지 않거나 바뀌면 종종 증상이 나빠지기도 한다. 증상이 모호하여 진단받지 못하고 그레이 존에 놓인 아이가 많다. 자녀가 여기에 해당한다면 발달장애 아동 지원 방법을 참고하기를 권한다. 상황이 조금은 나아질지도 모른다. 증상이 심각하지 않더라도 주변 사람들의 이해를 바탕으로 아이를 어떻게 키울지 고민하다 보면, 문제로만 여겼던 아이의 행동을 큰 문제가 아닌 단순한 개성으로 받아들일 수 있을지 모른다.

5 육아가 훨씬 편해지려면?

◆ 다양한 지원책의 도움을 받으며 혼자 고민하지 말자

이 책을 만들기 위해 '장애가 없는 사회 만들기'라는 설립 이념을 가진 주식회사 LITALICO 발달 NAVI의 도움을 받아 약 500명의 부모님을 대상으로 설문조사를 실시했다.[4] 이 설문조사에는 자녀가 발달장애가 있거나 발달 장애 이외의 장애가 있는 사람, 확실하게 진단받은 건 아니지만 발달 장애의 경향을 보이는 자녀를 둔 사람이나 자녀가 발달장애는 아니지만 육아에 불안을 느끼는 사람 등 다양한 부모들이 참가했다. 입장은 조금씩 다르지만, 공통적으로 초등학교에 다니는 자녀를 보며 불안함을 느끼거나 고민하고 있었다.

이 책에서는 어른이 주로 '난처하다'라고 느끼는 몇 가지 사례와 그 이유 및 적절한 대응책을 소개한다. '난처함'을 느끼는 이유는 다양하고, 그에 대한 해답 역시 하나가 아니다. 이 책에서도 '즉시 해결할 수 있는 방법'은 찾지 못할 수 있다. 하지만 '다양한 방법'을 시도해 보는 과정을 통해 아이를 대하는 법을 깨닫게 되면 '난처함'이 조금씩 줄어들 수 있으리라 본다. 아이들 역시 분명 지금보다 더 편안한 학교생활을 보낼 수 있을 것이다.

---

4 ※LITALICO 발달 NAVI(http://h-navi.jp) 이용자를 대상으로 한 설문조사인 '발달 상태가 의심되는 초등학생에 대한 설문조사'(참여 수: 537건, 2019년 5월 10일~17일 실시)에서 발췌했다. 설문에 따라서는 537명 전원이 답을 하지 않은 항목, 복수 응답이 가능한 항목이 있다. 또한 조사 결과의 구성 비율은 반올림을 적용했으므로 합계가 100%가 되지 않는 경우가 있다.

제2장부터는 선배 부모들의 체험담을 포함해 다양한 지원 사례를 소개하기로 한다. 아이가 '어려워하는' 이유를 부모가 이해하고, 이에 대한 다양한 지원이 있다는 사실을 기억하기만 해도 육아는 지금보다 훨씬 편해질 수 있다. 이러한 사실을 부디 참고하기를 바란다. 각 장 말미에는 설문조사 결과를 바탕으로 주제별 칼럼을 게재했다. 비슷한 환경에 처한 사람들의 체험담을 소개하고 있으니 꼭 읽어보기를 바란다.

　부모와 아이, 선생님 중 어려움을 겪지 않는 사람은 없다. 모두의 괴로움을 없애고, 아이 본인이 초등학교에서 지금보다 더 즐겁게 생활할 수 있는 힌트를 지금부터 알아보자.

제2장

'생활 습관'이
답답할 때

오늘 할 일, 일상생활을 혼자 할 수 있게 하려면

- 학교에서 집으로 돌아와도 숙제를 하지 않고, 정리정돈이 미숙해 방이 어지럽다.

- 준비물은 잊어버리기 일쑤인 데다가 다음 날 수업 준비도 혼자 할 수 없다.

- 아침에 깨워도 바로 일어나지 않는다. 걸핏하면 느릿느릿, 동작이 굼뜨다.

- 밥을 먹을 때도 주의가 산만하다.

'우리 집도 그렇다', '완전 공감'한다는 부모들이 많을 것 같다. 아이가 앞으로 독립해서 살아가려면 가정생활에 필요한 일이나 일상생활을 혼자서 할 수 있어야 하는데, 이게 불가능하다면 부모는 자녀가 걱정되어 매일 초조할 것이다. 혼자서도 생활할 수 있게 하려면 어떻게 해야 할까.

제2장에서는 자립심을 키우는 데 어려움을 겪은 경우와 이를 해결하기 위한 대책을 소개한다. '아침에 혼자 일어나지 못한다'라는 고민을 예로 들어보자. 평일과는 달리 휴일 아침에만 일찍 일어나는 아이도 있는가 하면, 기분이 불안정해지기 쉬운 장마철에만 아침에 잘 못 일어나는 아이도 있는 것처럼 그 내용은 가지각색이다.

고민의 내용에 따라 원인도 다 다르니, 그에 맞는 방법도 따로 있기 마련이다. 중요한 건, 이를 파악하고 시험해 보는 일이다. 어떻게 깨워야 할지 아이에게 직접 확인하는 것도 방법이다. 보상이 있어야 열의를 불태우는 아이라면 일어났을 때 포인트를 주는 방법을 활용할 수 있다. 부모와 자녀가 함께 '팀워크'를 가지고 일어나는 방법도 동기부여 향상에 도움을 줄 수 있을 것이다. 발달장애나 그레이 존에 놓인 아이는 주변 사람들에게 피해를 주면 바로잡으려는 경향이 있으므로, 늦잠에 대한 책임감을 불러일으켜 깨우는 방법도 있다.

이처럼 대책은 하나가 아니다. 또한, 하나의 대책만으로 상황이 개선된다고 할 수도 없다. 한 가지를 시험해보고 효과가 없다면 다른 대책을 시도해야 한다. 다양하게 시도해보고 아이에게 맞는 대책을 발견하길 바란다.

 1 정리정돈이 미숙한 아이

◆ '혼자서 정리정돈'을 하는 건 의욕이 나질 않는다

    아이가 정리정돈을 잘 하는 편인가? 옷이나 장난감이 바닥에 널브러져 있어 발 디딜 틈이 없다거나 책상에는 필기도구가 전부 꺼내져 있고, 그 위에 공책과 유인물이 산처럼 쌓여 있지는 않은가? 이런 아이가 한둘이 아닐 것이다. 이래서는 필요한 물건을 금세 찾을 수 없고, 애초에 찾고 싶은 마음도 사라지고 만다. 물건이 얼마 없을 때 정리하면 좋을 텐데, 순식간에 어질러지는 방을 보고 있으면 어디부터 손을 대야 좋을지 몰라 정리하기 귀찮아지는 악순환이 반복된다.

정리정돈이 미숙한 이유는 다양하다. 애초에 정리하는 방법을 모르는 경우, 의욕이 생기지 않는 경우, 그리고 주의가 산만해 다른 일에 정신이 팔려 도중에 일을 내팽개치는 경우 등이 있다. 우선은 정리하는 방법을 알기 쉽게 설명하고, 처음에는 어른이 함께 정리해 주되 혼자 해야 할 범위를 서서히 넓혀가야 한다. 정리정돈이 조금이라도 나아졌다면 칭찬해 준다.

(대책 1) 정리정돈의 순서 목록 만들기

어디서부터 손을 대야 좋을지 모를 때는 정리정돈 순서를 목록으로 만든다. 눈앞에 보이는 것부터 닥치는 대로 치우려 하면 책장으로 갔다가 옷장으로 간 뒤 다시 책장 앞으로 돌아오는 등 동선이 꼬이기 마련이다. '장난감은 장난감 상자에 넣는다' → '책을 책장에 꽂는다' → '옷을 옷장에 넣는다'처럼 우선은 아이템별로 '무엇을 어디에 넣을지' 구체적으로 분류해 적는다. 처음에는 어른이 함께 정리하다가 익숙해지면 목록을 보면서 아이 혼자 정리하게 한다.

장난감이나 옷의 종류에 따라 상자 색을 달리하거나, 내용물의 사진을 상자에 붙여 두면 헷갈리지 않고 순조롭게 정리할 수 있다. 깨끗하게 정돈된 방은 사진으로 찍어 두어 다음에 정리할 때 확인용으로 사용한다. 목표를 쉽게 떠올릴 수 있고, 정리하려는 의욕도 부추길 수 있다.

대책 1
POINT

**정리정돈의 순서 목록은 구체적으로 만들고,
물건을 넣어두는 전용 상자를 준비하자**

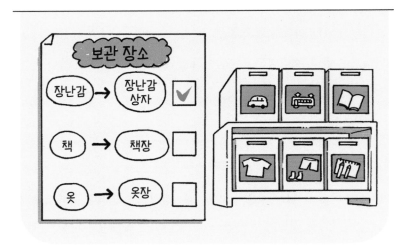

(대책 2) 정리정돈 하는 시간 정하기

아무리 '정리하라고' 말해도 아이는 "숙제도 해야 하고, 간식도 먹고 싶어"라며 변명을 늘어놓을 뿐 좀처럼 정리하려고 하지 않는다. 그럴 때는 오늘 할 일 목록에 정리정돈 시간을 넣고 아이의 눈에 잘 띄는 곳에 붙인다. '간식 시간 다음에는 정리정돈'처럼 어떠한 활동 다음으로 설정하면 좀처럼 나서질 않을 테니 '5시부터 정리정돈'과 같이 구체적인 시간을 정한다. 아이가 시계 보는 법이 익숙하지 않다면 예정시간 몇 분 전에 이제 곧 정리정돈 할 시간이라고 알려준다.

대책 2
POINT

오늘 할 일에 정리정돈 시간을 넣자

또한 정리정돈 뒤에 아이가 좋아하는 일이나 즐겁게 할 수 있는 일을 하게 하면 아이도 의욕이 생긴다. 욕조에서 물놀이하는 걸 좋아하는 아이라면 '정리정돈' 뒤에 '목욕'을 추가하고 정리가 끝나면 같이 목욕하자고 권해보는 것도 좋은 방법이다.

대책 3 음악을 틀어놓고 게임하듯 정리하기

정리정돈하는 속도가 느리다 보니 아무리 시간이 흘러도 방은 그대로 어질러져 있다. 이런 패턴이 계속될 때는 아이가 좋아하는 음악이나 빠른 음악을 틀어 그 곡이 끝나기 전까지 방을 정리하도록 한다. 이는 유치원이나 학교에서도 자주 사용하는 방법이다. 노래는 매번 같은 곡을 트는 것이 좋다. '이 노래가 나오면 정리정돈을 한다'라는 습관을 들일 수 있기 때문이다.

정리정돈도 스몰 스텝이 중요하다. 처음에는 깔끔하게 정리하지 못해도 좋으니 시간 안에만 끝내게 한다. 아이들이 시간 안에 정리를 끝마쳤다면 "다음에는 이렇게 해 보자." 하고 정리하는 법의 난도를 조금씩 올린다. 끝까지 정리하지 못하고 포기한다면 정리정돈을 해야 할 장소가 지나치게 세분화되어 있지 않은지 살펴보자. '자동차 장난감은 모두 여기에'와 같이 아이의 발달에 맞게 대략적으로 나눠도 괜찮다. 좀처럼 치우려 하지 않는 아이에게는 게임을 하듯 "엄마가 책을 정리하는 것과 네가 장난감을 정리하

대책 3
POINT
도중에 싫증을 내지 않도록 음악의 박자에 맞춰 리듬감 있게

는 것 중 누가 더 빠를까?"라고 제안하며 함께 정리하는 방법을 시도해 볼 수 있다.

아이의 의욕을 돋우겠다고 "(나중에) 간식을 줄 테니 정리하렴."과 같은 말을 하는 건 금물이다. 대신 미묘하게 다르지만, 시간표에 따라 정리정돈을 하면 좋은 일이 생긴다는 식으로 제안한다. 나아가, "정리정돈을 끝마치면 같이 간식을 먹자."와 같이 아이가 좋아할 일을 함께 제안하면 아이가 의욕적으로 나서기 쉽다. 누가 시켜서 하는 게 아니라 어디까지나 아이가 스스로 정리하겠다고 마음먹는 일이 중요하다. "빨리 간식을 먹고 싶다."라는 말에 아이가 솔깃해한다면 서둘러 끝내자고 어른이 나서서 움직여야 아이들도 정리정돈에 나서기 쉬워질 것이다.

 정리정돈을 할 장소를 모색해 '눈에 보이게' 한다. 스몰 스텝으로 접근한다면 아이들도 조금씩 혼자 정리정돈 할 수 있게 된다.

우리 집 꿀팁[5]

- 상자 단위로 수납할 수 있게 했다. 책가방 보관 상자에는 접이식 우산이나 겉옷과 같이 학교에 갈 때 사용하는 것을 함께 넣어 둔다. 겉옷이 살짝 구겨져도, 방을 어지럽히지 않고 물건이 사라질 염려도 없어 쾌적해졌다! (7세 여아)

- '하던 일을 내팽개치는' 습관을 고치기 위해 두 가지 색상의 상자를 준비했다. 사용하지 않은 물건은 '사용 전' 상자에, 사용하고 나면 '사용 후' 상자에 넣게 했다. 익숙해질 때까지 힘들었지만, 돼지우리 같았던 방에서 벗어날 수 있었다. (7세 남아)

- 어렸을 적부터 계속 "물건에도 집이 있단다. 너도 집으로 돌아가는 것처럼, 물건도 집으로 돌려보내 주자."라고 얘기해 주었다. 물건마다 보관 위치를 지정해 두고 글을 배우기 전에는 사진을, 배우고 나서부터는 라벨에 이름을 써 붙여놓았다. 그 덕에 지금은 이름표가 없어도 '사용하면 정리한다'라는 사실을 깨닫고 있다. (9세 남아)

- '식사 예절'을 고치기 위해 전용 식판을 준비했다. 식판에 컵, 접시, 포크, 숟가락 등의 위치를 마스킹 테이프로 표시해두었다. 부엌에 퇴식구도 만들어 다 먹고 나면 그곳에 식판을 올려두게 했다. (7세 남아)

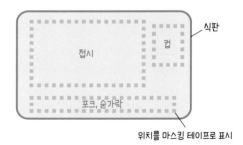

---

5 ※각 사례는 LITALICO 발달 NAVI와 공동실시한 설문조사에서 'ㅇ세 남아', 'ㅇ세 여아'를 키우는 부모님이 올려주신 내용을 토대로 재구성했다.

2 학교 준비물을 자주 빠뜨리는 아이

◆ 주의가 산만해 도중에 잊어버리고 만다

월요일에는 학교에 실내화와 체육복을 가져가는 걸 잊어버렸고, "이 가정통신문 답변, 선생님께 꼭 제출해." 하고 당부한 편지는 오늘도 책상 위에 그대로 놓여 있다. 무언가 짚이는 게 없는가? 준비물을 자주 잊어버리는 건 주로 다른 일에 정신이 팔려 준비물의 존재를 새카맣게 잊어버리기 때문이다. 준비물을 현관까지 가져가도 신발을 신는 동안 잊어버리거나 어딘가에 두고 놀다가 그대로 까먹기도 한다. 또한, 다음 날 수업 준비를 하기 위해 준비물을 찾다가 다른 물건을 보고는 거기에 한눈을 파는 일도 있다. 이는 단순히 기억력이 나쁘다기보다, 주의력에 문제가 있다고 할 수 있다. 처음에는 혼자 준비를 시키지 말고 아이와 얘기를 나누며 함께 준비하는 것부터 시작해야 한다.

대책 1 요일별 준비물 목록 만들기

시간표에 맞춰 준비물 목록을 만든다. 종이나 화이트보드에 요일을 쓰고 그 아래에 준비물 이름난과 확인란을 만드는 것이다. 처음에는 목록을 보면서 아이와 함께 준비하고, 아이가 준비물을 챙기는 데 익숙해졌다면 혼

대책 1
POINT

**자석이 붙는 화이트보드는
자석을 움직이기만 하면 되므로 편리하다**

자서 준비하는 모습을 지켜본다. 깜빡 잊고 책가방에 넣지 않은 준비물이 있다 하더라도 일단은 '목록을 보고 확인하려고 하는' 점을 칭찬해야 한다. 사소한 '성취'를 쌓아가다 보면 언젠가 혼자서도 자신 있게 준비할 수 있게 될 것이다.

대책 2 과목별 교과서-공책 세트 만들기

한 과목에 여러 권의 교과서를 사용하거나 공책이나 익힘책을 함께 준비해야 한다면, 아이는 시간표 준비가 복잡하다고 인식하게 된다.

대책 2
POINT

교과서와 공책을 과목별로 색을 지정해 지퍼 파일과 한 세트로 만들어 관리하기

따라서, 색깔 스티커를 준비해 국어는 파란색, 산수는 빨간색과 같이 아이에게 색을 정하게 하고, 이렇게 정한 과목별 색깔 스티커를 각각의 교과서와 공책에 붙인다. 이렇게 하면 색을 이정표 삼아 해당 수업에 필요한 준비물을 한눈에 알 수 있고, 준비하기도 수월해진다. 표지는 물론이고 책등에도 스티커를 붙여두면 책장에 꽂아두더라도 알아보기 쉽다.

또한, 교과서와 공책을 넣는 커다란 지퍼 파일에 '1교시(교과서, 공책, 익힘책)'와 같이 적힌 견출지를 붙여두고 시간표에 따라 그날 사용할 교과서와 공책을 준비하자.

(대책 3) '등교 준비'는 전날 하기

안 그래도 바쁜 아침에 숙제와 수업 준비까지 하려면 할 일이 너무 많아져 혼잡스럽다. 그래서 부모는 되도록 전날 해주기를 바란다. 그러나 아이는 밥 먹는 시간이나 놀이를 우선하기 마련이라 혼자서는 그런 시간을 확보하지 못한다. 그러니 학교에서 돌아오면 해야 할 일에 숙제와 함께 '등교준비'를 넣어야 한다. 막연하게 '등교 준비'라고만 적혀 있으면 무시할 수도 있으니, '시간표 보기', '책가방에 다음 날 준비물 넣기'처럼 그 내용을 구체적으로 적는다. 여기에 확인란도 만들면 훨씬 좋다.

아이에게 '나도 할 수 있다'라는 생각과 자신감을 심어주는 일이 중요하

대책 3
POINT

해야 할 일을
구체적으로 적기

다. 다만, 한번 성공했다고 해서 계속 그러리라는 보장은 없다. 금세 익숙해지는 게 아니라는 사실만 잊어버리지 않는다면 부모의 기분도 훨씬 나아지리라 생각한다.

 시간표대로 준비하는 일은 의외로 복잡한 작업이다. 익숙해질 때까지는 어른이 도와주어야 한다.

우리 집 꿀팁

- 아이는 혼자서 준비하는 일에 서툴렀다. 해야 할 일을 기억하지 못해 하나하나 그림을 그려 자석에 붙여두고 다 끝내면 자석을 이동시키는 방법을 사용했다. 일일이 알려주지 않으면 준비에 흥미를 잃었다. (7세 여아)

- 혼자 등교 준비를 하게 했더니 30분이나 걸렸다. 처음에는 왜 그렇게 시간이 걸리는지 몰랐다. 그래서 준비하는 순서를 전부 쓰게 해보니, 책가방에서 다음 날 쓰지 않는 교과서를 뺀 다음, 빠진 과목의 교과서를 넣고 있었다는 사실을 알게 되었다. 일단 책가방 속 물건을 전부 빼낸 뒤, 다음 날 1교시 수업부터 순서대로 가방에 넣은 다음에 나머지 준비물을 넣게 하니 5~10분 만에 끝낼 수 있었다. (8세 여아)

- 전날에 준비물 주머니, 숙제, 교과서, 공책과 손수건을 준비시켜 책가방 안에 넣게 한다. 부모가 작성해야 하는 서류도 아이가 숙제할 때 옆에서 함께 작성하고, 잊어버리지 않도록 본인이 직접 준비물 주머니에 넣게 했다. (6세 남아)

- 준비가 끝난 것은 알림장에 동그라미 치기, 목록 작성하기, 메모 붙이기, 준비한 주머니에 넣을 것 정하기, 찾는 법과 확인하는 법을 알려주고 연습시킨다. (8세 남아)

- 꼭 기억해야 하는 일은 일단 메모하게 한 뒤 소리 내어 읽게 한 다음 준비하게 한다. 이렇게 하면 자연스럽게 기억하는 듯하다. 하지만, 도중에 유혹이 있으면 거기에 정신이 팔려 지금까지 했던 일을 새카맣게 까먹는 것 같다. (11세 남아)

3 집에서 숙제하지 않는 아이

◆ 해야 한다는 사실은 알고 있다

　방과 후 집에 돌아오면 대부분의 아이들은 놀러 나가거나 집에서 게임을 하거나 TV를 보는 등 '내가 하고 싶은 일'을 우선시하고 숙제를 등한시하곤 한다.

　숙제에 관해서는 대부분 시작하는 데 시간이 걸린다는 점을 고민한다. 아무리 부모가 재촉해도 아이는 이런저런 핑계를 댄다. "나중에 할 거야.", "나중에 언제?", "이거 끝나면.", "그게 언제 끝나는데?", "모르겠는데.", "모르는 게 어디 있어!!" 하고 부모와 아이가 싸우기 시작하는 패턴도 일상다

반사일지 모른다.

막상 책상에 앉아 숙제를 시작하려고 해도 모르는 문제가 나온 순간 얼어붙고 만다. 이때, 부모가 가르쳐 주려고 하면 기분 나빠하고, 부모도 모처럼 가르쳐주려고 했더니 기분 나빠한다며 짜증을 내기도 한다.

하고 싶은 일, 미숙한 일을 하거나 우선시하는건 어른들에게도 힘든 일이다. '숙제'는 부모와 자녀 간의 갈등으로 번지기 쉽다. 하지만, 학교에 다니는 한 절대 피할 수 없는 이 문제를 어떻게 해결해야 할까.

(대책1) 숙제에 집중할 수 있는 환경 만들기

"방과 거실 중 어디서 공부할래?" 이런 질문을 종종 들을 수 있는데, 공부하기 편한 장소는 각자 다르기 마련이다. 부모의 시선 때문에 집중이 흐트러지는 아이는 자기 방이 편할 테지만, 반대로 부모가 보고 있어야만 집중이 잘 된다면 거실이 나을 수 있다. 어느 경우든 주의를 흐트러뜨리는 것이 가까이에 있으면 집중할 수 없다. TV 소리가 들리거나 만화책이나 장난감이 눈에 닿는 장소에 있으면 방이든 거실이든 공부하기 적합한 환경이라고 하기 어렵다.우선은 TV나 책장을 등지도록 책상의 위치를 옮기거나 공부하기 전에 만화책과 장난감을 모두 정리해 공부할 수 있는 환경을 만들어본다.

또한, 항상 같은 곳에서 공부하게 하면 그곳을 자연스럽게 '공부하는 곳'으로 인식하게 되어 습관으로 이어진다. 그리고 아이가 어려움에 직면했을

대책 1
POINT

주의를 흐트러뜨리는 물건을 주변에서 치운다.
칸막이가 있는 책상은 집중하기 쉽다

때 바로 도움을 요청할 수 있도록 부모는 가까운 곳에 있어야 한다.

'집은 쉬는 곳'으로 인식하고 있거나 공부할 수 있는 집안 환경을 갖추기 어렵다면, 처음에는 학교나 방과 후 학교에서 공부할 수 있도록 선생님과 상의하거나 방과 후 활동 서비스, 어린이 회관을 활용하는 방법도 있다. 그리고 집에서 해야 할 일에 본인이 잘하는 것부터 하나둘 포함시켜 나간다.

화이트보드에 '집에 오면 해야 할 일'을 적는다. '손 씻기, 양치', '등교 준비', '저녁 먹기' 등의 항목에 '숙제'를 추가하고, 나아가 '오늘의 숙제'에는 '① 일기 쓰기', '② 책 읽기' 등과 같이 구체적인 내용까지 적는다. 아이가 집에 돌아오면 "오늘 숙제는 뭐니?" 하고 묻고 알림장을 꺼내게 한다. 아이에게 '오늘의 숙제'란를 작성하게 하면 '꼭 해야 할 일'이라는 인식을 강하게 심어 줄 수 있다.

화이트 보드에 적어 둔 숙제는 '숙제 상자'에 넣고 책상 위에 올려두게 한다. 방과 후에 바로 놀러 나가기로 약속했다 하더라도 이 작업만큼은 습관을 들일 수 있게 한다. '보이지 않는 것'은 '없었던 일'처럼 느껴지므로 책가방 속 숙제는 계속 미루게 된다. 화이트보드에 적었거나 책상 위에 올려두었다면 보기 싫어도 눈에 들어오므로 '해야 할 일'이라는 생각이 계속 들어 결국 "할 수 없지, 하자."라는 기분이 들게 될 것이다. 숙제를 끝마치고 '오늘의 숙제' 목록을 스스로 지우게 하면 후련함과 성취감을 느낄지도 모른다.

간식이나 노는 시간 등 숙제를 다 한 보상도 화이트 보드에 써 두면 의욕이 올라간다. 핵심은 아이와 함께 계획을 짜는 일이니, 어떤 보상을 줄지도 함께 생각하도록 한다.

대책 2 '숙제 내용'은 아이가 하나씩 구체적으로 적게 하자

대책 3 스몰 스텝으로 접근하기

학교에서는 '학년×10분 분량의 숙제를 낸다'라고 하지만, 모든 아이가 주어진 시간 안에 숙제를 끝낼 수 있는 건 아니다. 숙제하는 데 시간이 오래 걸리면 다음부터는 하기 싫어지는 악순환에 빠지게 된다. 공부 울렁증이 있는 아이는 매일 시간 안에 숙제를 소화하는 데 어려움을 겪을 수도 있다. 이럴 때는 담임 선생님과 의논해 쉬운 문제를 풀게 하거나, 숙제의 양을 줄여주도록 한다.

대책 3

POINT 양을 줄이거나 세세히 나눠보면서 '완성'의 경험을 쌓아가자

"이 유인물을 다 풀 때까지 책상에서 일어나면 안 돼."와 같은 요구는 절대로 해서는 안 된다. "열 문제 풀고 잠깐 쉬자."와 같이 할 일을 짧게 끊어서 제안해야 한다. 기분전환을 할 수 있게 사이다 한 병과 같은 작은 보상을 준비하는 것도 좋은 방법이다. 집중과 휴식을 반복하다 보면 조금씩 자신만의 페이스가 생겨나게 될 것이다.

아이가 쉽게 싫증을 내는 성격이라면 '수학 문제를 다섯 문제 풀고 난 뒤 국어 교과서 한 쪽 읽기'와 같이 중간에 할 일을 바꿔보는 것도 좋다.

모든 숙제를 끝내는 게 최종 목표이므로 집에서는 본인에게 익숙한 방법으로 숙제를 하게 한다. 숙제를 끝내지 못할 것 같다면, 본인과 이야기를 나누어 끝낼 수 있는 분량을 정한다. 풀어야 할 문제에 동그라미를 쳐두어 알기 쉽게 한다.

어떤 아이는 모르는 문제가 나오면 거기서 멈춰버리기도 한다. 진지하게 고민하는 게 아니라 멍하니 있는 경우가 대부분이므로 '모르는 문제는 건너뛴다'라는 규칙을 알려주면 좋다. 부모의 설명으로도 이해하지 못한다면 모르는 문제를 체크해 선생님께 설명해달라고 부탁할 수도 있다.

처음부터 완벽하게 숙제를 하려고 한다면 부모와 아이 모두 괴로울 것이다. 선생님과의 논의를 통해 아이의 페이스에 맞춰 양과 난이도를 정하고 '다했다!'라는 성취감을 쌓는 일이 중요하다. 경우에 따라서는 아이들 각자의 이해도에 맞춰 '기초 문제', '연습 문제', '응용 문제' 등 난이도를 세분화해 숙제를 내줄 수 있는지 상담해 보는 것도 좋다.

 스몰 스텝으로 접근해 숙제를 풀게 하면서 매일 빼놓지 않는 습관을 들이게 한다.

우리 집 꿀팁

- 읽기, 쓰기, 산수가 서툴러 숙제를 극도로 싫어한다. 그래서 숙제의 양을 줄이거나 아이의 수준에 맞는 숙제를 받을 수 있게끔 선생님께 부탁했다. 15분×2회 정도로 나누어 숙제를 시키고 있다. (7세 남아)

- 숙제를 어려워해 제때 하지 않으므로 선생님과의 사례회의를 통해 학교에서 숙제를 끝내고 오게 하도록 해 해결할 수 있었다. (10세 여아)

- 담임 선생님과 논의한 끝에 딸에게 숙제 대신 내가 준비한 간단한 유인물을 풀게 했다. 매일 1~2시간씩 국어 문장 문제집(문제 수가 적은 것), 산수 유인물을 풀게 했다. 내가 문제에 동그라미 표시를 하고 거기에 담임 선생님이 간단한 코멘트를 달아 주었는데, 이 방법으로 아이의 자존감을 올릴 수 있었다. 덕분에 지금은 스스로 숙제하고 있다. (10세 여아)

- 숙제하다가 다른 일에 금세 한눈을 팔기도 하고 혼자 전혀 상관이 없는 이야기를 하기 시작한다. 그래서 거실 TV를 끄고 가사가 없는 음악을 틀었다. 아이가 숙제하는 동안은 내게 말을 걸지 못하도록 일부러 떨어진 곳에서 지켜보고 있다. (8세 남아)

- 집중력이 부족해 다른 형제가 TV를 보거나 게임을 하고 있으면 거기에 정신이 팔려 숙제를 할 수 없었다. 자기 방에서 숙제하게 했더니 지켜보는 사람이 없어서인지 어느 틈엔가 잠을 자고 있었다. 그래서 주변에 신경을 쓰지 않도록 거실 한쪽의 수납장을 간이 벽 삼아 만든 공간에 책상을 두고 그곳에서 귀마개를 끼고 공부하게 했다. 졸고 있는 모습도 바로 확인할 수 있어 바로 깨울 수 있다. (10세 남아)

- 학교가 끝나고 집에 돌아오면 숙제를 먼저 하라고 해도 좀처럼 말을 듣지 않아 아이와 매일 씨름했다. 아이는 집에 돌아오면 학교에서 받은 스트레스나 피로를 해소하는 '릴렉스 모드'로 전환하는 듯했다. 방과 후 활

동 서비스에 등록하자 숙제 스트레스에서 해방되었다. 그곳에서는 도착하면 바로 숙제를 한다고 한다. (8세 여아)

- 읽기, 쓰기가 서투르다 보니 숙제 한 번 하려면 늘 아이를 혼내게 된다. 그래서 초등학교 2학년 즈음에는 숙제를 포기하고 집에서 쉬게 했다. 그 결과, 여전히 글자를 잘 쓰지 못하지만, 자존감도 생기고 의사소통 능력에도 문제가 없는 아이로 자랐다(16세 남아).

4 할 일 우선순위 매기기나 시간 배분이 미숙한 아이

◆ 눈앞의 재미만 좇고 있는 걸지도 모른다

숙제하라고 해도 내일 아침에 하겠다며 게임 삼매경에 빠진 아이는 다음 날 아침에 빨리 일어나기는 해도 숙제도 학교 갈 준비도 하지 않고 TV를 보며 빈둥거리기 일쑤다. 등교 직전이 되어서야 부랴부랴 숙제하고 책가방을 챙기지만, 지각은 불 보듯 뻔하다. 하교하면 오늘이야말로 숙제 먼저 끝내겠다고 다짐하지만, 친구들의 놀자는 말에 숙제는 까맣게 잊어버리고 트레이딩 카드 게임에 열을 올린다.

분명 저녁을 먹고 나서 카드를 정리하겠다고 약속했지만, 밥을 다 먹고

난 뒤에도 만화책만 붙들고 있고 카드는 바닥에 그대로 널려있다. 게다가, 씻으라는 말에 건성으로 대답하는 아이를 보며 부모는 결국 크게 화를 내고 만다.

아이를 키우는 집에서 흔히 볼 수 있는 모습이다. "○○하라고 했잖니!" 하고 뫼비우스의 띠처럼 매일 똑같은 일에 화를 내고 마는 부모의 심정은 가늠하기 어렵다.

하지만, 하기 싫은 일보다 눈앞의 즐거움을 우선해 시간 가는 줄 모르는 건 어른도 마찬가지다. 집안을 정리하다가 오래된 앨범을 발견하고 추억에 잠기거나, 저녁 장을 보고 오는 길에 아는 사람을 만나 이야기꽃을 피우는 것처럼 말이다.

아이도 마찬가지다. 일부러 게으름을 피우는 게 아니라 눈앞에 있는 재미있는 것에 반응해 집중하게 되는 것이다. 새로운 일이 하나둘 생겨날 때마다 반응하다 보니 진짜 해야 할 일을 잊어버리고 만다. 게다가 아이들은 언제나 '지금'을 살아가는 존재이므로 어른과는 달리 '○시까지 이 일을 하지 않으면 나중에 곤란해진다'라고 예상해 행동하는 일이 서툴다.

아이를 도와 꼭 해야 할 일, 그중에서도 우선시해야 할 일을 함께 생각해야 한다.

(대책 1) '해야 할 일 표'를 만들어 우선순위 정하기

식사, 양치질, 옷 갈아입기, 심부름, 숙제, 샤워, 정리정돈 등등, 하루에 해

대책 1
POINT
'해야 할 일'과 '하고 싶은 일'을 마련하자

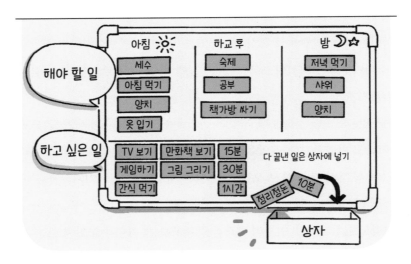

야 할 일은 많다. 매일의 루틴이니까 몸이 기억할 거라 생각할 수 있지만, 아이들은 재미없는 일이나 하고 싶지 않은 일을 머릿속에 남겨두지 않는다. 매일 같은 잔소리를 하게 한다는 생각에 화가 날 수도 있지만, 아이는 그때그때 말하지 않으면 잘 모른다고 생각해야 한다.

매일 같은 말을 반복하는 건 부모도 피곤하다. 매일 혼이 나는 아이도 불만이 쌓이기 마련이다. 우선은, 하루에 해야 할 일을 포스트잇이나 자석 시트에 써 보자. 그리고 이를 아침, 하교 후, 밤, 이렇게 셋으로 나누어 붙이고 각각을 우선순위가 높은 순서나 부모가 원하는 순서대로 늘어놓은 뒤 아이에게 그 이유를 설명한다. "숙제하지 않으면 학교에서 혼나지 않을까?", "양치하지 않으면 어떻게 될까?" 등등, 부모와 아이가 함께 그 이유를 하나

하나 확인한다. 아이가 이해해야 행동하기 쉬워진다.

해야 할 일이 끝나면 카드를 뒤집거나 상자에 넣어두게 하면 성취감을 느낄 수 있고 의욕적으로 변하게 된다.

아침, 방과 후, 밤은 각자 다른 색을 사용하면 훨씬 알아보기 쉽다. 이 표를 아이의 눈에 잘 띄는 곳에 두면 옷을 갈아입었는지, 양치는 했는지 일일이 확인하지 않아도 표를 보라는 말 한마디로 끝이니 부모 입장에서는 매우 편하다. 아이도 표를 보면 '다음 할 일'을 파악할 수 있어 헤매지 않게 되고 서서히 자신이 할 일을 찾아 나서게 된다.

아이가 '원하는 일' 들어주기

원래 아이는 양치나 숙제를 '해야 할 일'이라고 생각하지 않는다. 이는 굳이 따지자면 아이가 '해주길 바라는 일'이다. 반면, 아이에게도 놀기나 게임처럼 '반드시 매일 해야 할 일'이 있다. 이는 부모의 눈에는 '하지 않아도 될 일'일지 모르지만, 아이의 기분도 존중해야 한다. 서로 원하는 걸 이룰 수 있도록 '일과표'의 '해야 할 일' 아래에 '하고 싶은 일'을 적어둔다.

내용을 정하기 전에는 아이와 충분히 이야기를 나누어 이해시켜야 한다. 아이가 자라 초등학생, 중학생 정도가 되면 말싸움으로 번질 수도 있으니, 부모가 마음대로 정해서는 안 된다. "〈해야 할 일〉은 하지 않으면 나중에 힘들어지니 그쪽을 먼저 하자. 빨리 끝내면 〈하고 싶은 일〉을 할 수 있어." 하고 아이를 설득시킬 수 있어야 한다.

　시간 개념이 없어 항상 아슬아슬하게 등교하는 아이는 무언가를 시작하는 게 느리거나 동작 자체가 느릴지도 모른다. 왜 그런지 아이는 스스로 깨닫기 어려우니 어른이 개입해야 한다.

　일을 시작하는 게 느리다면 시작하는 시간을 정하고, 동작이 느리다면 하나의 동작에 얼마나 시간이 걸리는지 재서 알려준다. 왜 늦는지 원인을 파악한다면 속도가 빨라질 수도 있다. 여기서는 앞서 언급한 '일과표'를 활용할 수 있다. 아이가 글을 깨우쳤다면 '해야 할 일'과 '하고 싶은 일'의 대략적인 시작 시간을 적어둔다. 그러면 '밥을 너무 오래 먹으면 결과적으로 나

대책 2
POINT
시간을 정해
예측대로 행동할 수 있게 연습하자

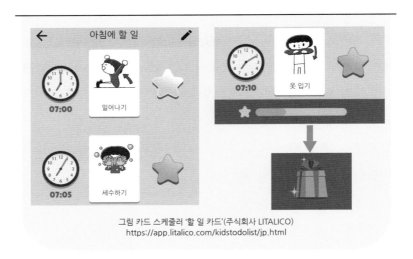

그림 카드 스케줄러 '할 일 카드'(주식회사 LITALICO)
https://app.litalico.com/kidstodolist/jp.html

가는 시간이 늦어진다', '자신은 ○○를 하는 데 시간이 걸리니 서둘러야 한
다'와 같은 예측을 할 수 있게 된다.

해야 할 일이 얼마나 있는지, 언제까지 해야 하는지, 여기에 시간이 얼마
나 걸리는지를 깨닫는 일이 중요하다. 처음에는 할 일의 수는 적게, 그리고
시간은 넉넉히 잡아보자. 그리고 우선순위대로 일정한 시간 내에 끝마친다
면 아이를 크게 칭찬해 준다.

다만, 아이가 적혀 있는 시간을 읽을 줄 모른다면, 글자를 모르는 아이
에게도 사용할 수 있는 리마인더 앱을 추천한다. 글씨를 쓰는 수고를 줄일
수 있고, 각각의 할 일에 알람을 설정해 두면 그 시간에 맞춰 알람이 울리
니 편리하다. 예를 들어, 위의 그림에서 소개한 '할 일 카드' 앱은 내게 맞게
시간을 설정할 수 있고, 전부 끝마치면 마지막에 보상을 받을 수 있게 되어
있다. 할 일을 끝마친 아이가 직접 ☆을 터치하게 하면 동기부여에도 도움
이 된다.

(대책 3) 아이의 페이스에 맞게 시간 배분하기

만일 예정과 달리 준비하는 데 시간이 걸린다면, 그 일정은 아이의 페이
스에 맞지 않는다는 뜻이다.

예정시간 옆에는 실제로 시작한 시간을 적어두는 칸을 만들어 두고 아이
의 행동을 보면서 시간을 적어 넣는다. 그리고, 아이에게 "옷을 입는 데 20
분이 걸렸네."와 같이 어떤 일에 시간이 얼마나 걸리는지 설명을 통해 이해

대책 3

POINT

'예정 시간'과 '실제 걸린 시간'을 비교해 정리하자

예정	실제 걸린 시간	변경된 예정
🕖 7:00 기상	(7 : 00)	6:50 🕖 기상
🕖 7:10 옷 입기	(7 : 15)	7:05 🕖 옷 입기
🕖 7:15 아침 먹기	(7 : 25)	7:15 🕖 아침 먹기
🕖 7:50 등교 준비	(7 : 55)	7:45 🕖 등교 준비
🕗 8:00 출발	(8 : 10)	8:00 🕗 출발

시킨다. 나아가 '10분 내로 옷 입기', '10분 일찍 일어나기' 등을 아이와 논의해 시간을 정한다. 아이가 충분히 소화할 수 있는 일정으로 수정해보는 것이다. 예정시간과 실제 걸린 시간의 차이를 눈으로 확인하면, 아이도 이를 의식해 행동하게 된다.

'앞으로의 일을 예측해 행동하기', '목표 시간에서 역산해 예정 잡기'는 사회생활에서 매우 중요한 개념이다. 그러니 어린 시절부터 습관을 들여야 한다.

 KEY Point 해야 할 일을 우선시하면서 매일 시간을 의식해 행동하면 계획적으로 움직이는 힘을 기를 수 있다.

우리 집 꿀팁

- 앞으로의 일을 예측하고 행동하는 걸 어려워해 등교 준비를 다 하면 TV 를 보여주겠다고 약속해도 아이의 머릿속에서 해야 할 일이 정돈되지 않 는다. 준비하라는 재촉에도 '나중에'라며 미루기만 할 뿐이라 화이트보드 에 할 일을 적어두고 다 한 일부터 '완성 자석'을 붙이게 했다. 그러자 입 아프게 잔소리하는 횟수가 줄어들었다. (6세 남아)

- 아침에 등교 준비가 느려 지각을 겨우 면하는 일이 잦았다. 시간을 잘 지 키도록 재촉하면 반발만 할 뿐 말을 듣지 않아 등교 준비 항목과 시간별 해야 할 일, 학교로 출발하는 시간을 직접 생각해 종이에 쓰게 한 뒤 보이 는 곳에 붙여두었다. 스스로 파악할 수 있도록 하니 몇 시냐고 물어보기 만 해도 시계와 붙여 둔 종이를 보고 움직이게 되었다. (8세 여아)

5 밥을 잘 안 먹는 아이

◆ 맛, 색깔, 식감, 냄새. 이 중, 싫어하는 것이 있을지도 모른다

　원래 밥을 잘 안 먹는 아이는 다른 것에 정신이 팔리면 좀처럼 식탁 앞에 앉지 않거나 앉더라도 장난을 치며 느릿느릿 밥을 먹는다. 또한, 젓가락이나 식기를 다루는 게 미숙해 식사에 집중하지 못할 수도 있다.

　우선은, 아이가 왜 밥을 늦게 먹는지 그 나름의 원인을 찾아보아야 한다. 플레이팅 방법을 연구해 보거나, 다루기 쉬운 식기를 준비하면 개선될지도 모른다.

식사에 집중하지 못하는 아이 중에는 편식하는 아이도 많다. 모처럼 솜씨를 부렸더니 먹기 싫다는 말을 들으면 부모는 속이 상하기 마련이다.

그러나, 여기서 아이가 싫어하는 음식을 단정 짓기는 이르다. 맛, 색, 식감, 냄새 등 아이가 싫어하는 원인은 가지각색이다. 싫어하는 재료라도 조리법이나 양념을 바꾸면 먹기도 한다. 또한, '전에 녹색 음식을 먹었더니 맛이 없었으니까 이것도 반드시 맛없을 것이다'하고 생각해 녹색 음식은 절대로 먹지 않겠다고 다짐하기도 한다.

집에서야 약간의 호불호도 넘어갈 수 있지만, 학교 급식에 싫어하는 재료가 많이 나오면 먹을 수 있는 음식의 수가 줄어들어 힘들어진다. 이는 아이의 영양을 생각했을 때도 중요한 사안이므로 집에서도 먹을 수 있는 음식을 조금이라도 늘릴 수 있도록 연구해야 한다.

(대책 1) 식사에 집중할 수 있는 환경 만들기

의자와 식탁의 높이가 아이와 맞지 않아 식사에 집중하지 못하는 경우가 있다. 발이 바닥에 제대로 닿지 않으면 자세가 무너지고 그릇을 잡기 힘들다. 이럴 때는 어린이 식탁 의자를 사용하거나, 높이를 조절하자.

아이의 관심과 흥미가 식사 이외의 것에 쏠려 있으면 밥 먹는 데 시간이 걸릴 수 있다. TV를 보면서 느릿느릿 밥을 먹으면 시선이 손이 아닌 TV에 고정되어 있기 때문에 음식을 흘리는 일도 부지기수다. TV를 끄거나 책, 스마트폰 등 아이의 주의를 끌 만한 물건을 식탁 위에서 치워 식사에 집중하게 한다.

대책 1
POINT
식탁 높이는 가슴보다 낮게, 발바닥은 바닥이나 발 받침대에 닿게 하자[6]

발이 땅에 닿지 않을 땐 발 받침대로 받히기

식탁이 높다면 쿠션 깔기

대책 2) 사용하기 쉬운 그릇 쓰기

저학년일 때는 물건을 다루는 게 서툴다 보니 그릇이 움직이기만 해도 집중력이 흐트러질 수 있다. 이 또한 식사에 집중하지 못하는 이유 중 하나다. 학교에서는 힘들겠지만, 집에서는 숟가락질을 해도 잘 움직이지 않는 그릇이나 깊이가 깊고 안쪽에 '홈'이 파진 그릇을 사용하는 등 아이가 다루기 쉬운 그릇을 써보자. 잘 미끄러지지 않는 고무 식탁 매트를 깔아두는 것

---

6 ※식탁, 의자가 아니라 앉은뱅이 밥상에 좌식으로 식사한다면 등받이 의자를 사용해 자세를 바르게 유지할 수 있다.

대책 2 POINT 아이는 고정적이고 깊이가 깊은 그릇을 사용하기 쉽다

깊이가 깊은 그릇

고무로 된 식탁 매트

도 방법이다.

숟가락이 아이의 입보다 크면 한입에 넣기 어려우니 작은 숟가락을 준비한다. 젓가락질이 서툰 아이도 많다. 그러나 식사 중에 젓가락질이나 식사 예절에 대해 일일이 주의를 주면, 아이는 물론 부모 또한 식사 시간이 '즐겁지 않다'라고 느끼게 된다. 어느 여덟 살짜리 딸을 둔 어머니는 밖에서는 접시를 혀로 핥거나 젓가락이나 포크를 사용하지 않고 손으로 집어 먹는 행위를 하지 않는 대신 집에서는 어느 정도 허용해주었다고 한다. 그러자, 식사 중에 받는 스트레스가 줄어들고 식사 시간이 즐거워졌다고 한다.

젓가락질을 능숙하게 하려면 엄지와 검지, 중지를 자유자재로 움직일 수 있어야 한다. 연필을 쥐고 선을 여러 개 긋거나 저금통에 돈을 넣으면서 세 손가락을 사용하는 연습을 추천한다. 스몰 스텝으로 작은 것부터 실천하다 보면 아이도 자신감을 가지게 된다.

대책 3 양념을 바꿔보거나 함께 요리하기

편식이나 싫어하는 양념 때문에 밥을 잘 안 먹을 수 있다. 만일, 아이가 카레 맛을 좋아한다면, 카레 맛이 나는 볶음 요리에 싫어하는 재료를 살짝 섞는다. 그리고 아이가 한 입이라도 음식을 먹었다면 칭찬해 준다. 이를 반복하다 보면 재료에 대한 거부감이 조금씩 사라질 수 있다.

싫어하는 재료를 안 넣었다고 속여서 먹였다가 나중에 아이가 사실을 알게 된다면, 속았다고 생각하는 일이 늘어나 어떤 음식이든 싫어하는 재료가 들어있을지 모른다고 끊임없이 의심할 수도 있다. 아이 본인에게는 속이지 말고 확실하게 알린다. 그런 다음 아이 스스로가 먹게끔 하는 일이 중요하다.

만일, 이유 없이 싫어한다면 그 음식에 무슨 재료가 들어갔는지를 몰라 불안하기 때문일 수 있다. 요리할 때 냉장고에서 재료를 꺼내게 하거나 야채 손질을 맡기는 등 아이와 함께 요리하면 음식과 식재료에 대한 불안감이 줄어들고 흥미를 끌어낼 수 있다. 부모와 아이가 함께 요리하는 것도 좋은 경험이다.

평소에 사용하는 접시가 아닌 도시락 같은 곳에 음식을 담으면 시각적인

집안일을 돕게 하면서 식재료에 흥미를 갖게 하자

느낌이 달라져 식사에 집중할 가능성이 높아질 수 있다. 도시락이나 원플레이트 요리는 먹을 양이 한눈에 보이므로 다 먹을지도 모른다. 무슨 수를 써도 밥을 먹지 않는다면 작은 접시에 조금씩 음식을 덜어 먹는 코스 요리 방법을 시도해볼 수도 있다. 싫어하는 음식 → 좋아하는 음식 → 싫어하는 음식의 순서로 주면 싫어하는 것이라도 열심히 먹을 때가 있다. 짧은 시간이나마 집중해서 밥을 먹었다면 아이를 크게 칭찬해 준다.

 아이가 밥을 먹지 않는 원인은 여러 가지다. 싫어하는 이유를 파악하고, 식사 시간을 즐길 수 있게 해야 한다.

우리 집 꿀팁

- 돌아다니며 밥을 먹거나 음식을 흘리는 일도 많았으므로 TV처럼 신경 쓰이는 물건을 꺼두고, 다 먹은 접시는 바로 치우고 있다. (7세 여아)

- 아이의 입이 짧아, 식사량이 아닌 몸 상태를 중시해 건강하기만 하면 된다고 생각하기로 했다. 식사 한 끼의 양이 아닌 1일, 3일, 일주일 등 기간에 따라 얼마나 먹었는지 볼 수 있게 했다. 또한, 젓가락질이나 식사 예절에 대해 일일이 지적하면 아이와 부모 모두 식사 시간이 싫어지므로 혀로 접시 핥기, 젓가락이나 포크가 아닌 손으로 집어 먹기 등 '밖에서 하지 않는 행동'을 정하는 대신 집에서는 어느 정도 허용해주었다. (7세 여아)

- 아이가 급식을 거의 입에 대지 않는데, 급식을 먹어야 한다는 생각에 아침 수업부터 집중하지 못할 정도였다. 학교 선생님과 상담한 뒤 매일 주먹밥 도시락을 싸 주었더니 아이도 안심하고 수업에 참여할 수 있게 되었다. (11세 남아)

- 편식 때문에 유치원에서 급식을 먹는 속도가 느렸는데, 한입만 먹고 남겨도 괜찮다는 선생님의 말을 들은 뒤로는 먹을 수 있는 음식이 조금씩 늘어났다. (6세 여아)

- 레시피를 보고 먹을 음식을 정한다는 독특한 편식 습관이 있는데, 발달장애를 이해하지 못하는 사람의 눈에는 고집을 부리는 것처럼 보이는 듯하다. 그래서 매일 아침 급식 식단표를 보고 적게 먹을 것을 확인했고, 도시락을 쌀 때는 음식에 들어가는 재료를 확인시킨다. (6세 여아)

부모 훈련

부모 훈련이란, 발달장애를 비롯해 아이의 행동 때문에 어려움을 겪는 부모를 대상으로 개발된 프로그램이다.

본래는 '부모는 아이에게 가장 좋은 치료자다'라는 개념을 바탕으로 가정에서도 지원 기관의 치료 교육을 할 수 있게 해 그 효과를 끌어올리거나 유지시키는 것이 목적이었다. 기관과 가정이 발성이나 모방 등의 과제를 함께 진행하면 아이의 치료 교육 시간을 늘일 수 있다. 지금은 지적장애나 자폐증 외에도 ADHD, 등교 거부와 탈선을 반복하는 아이, 학대를 받는 아이, 입양 자녀에 대한 프로그램이 개발되는 등 그 범위가 넓어지고 있다.

부모 훈련 프로그램을 실시하는 단체는 여러 곳이 있는데, 단체마다 대상 아동과 프로그램 내용이 다르다. 그러니 사전에 문의한 뒤 참가하기를 추천한다.

LITALICO 발달 NAVI와 함께 설문조사를 실시했다.[7]

Q. '부모 훈련'을 받고 있습니까? 혹은 받은 적이 있습니까?

네 … 27% / 아니오 … 73%

---

7 ※LITALICO 발달 NAVI 회원을 대상으로 한 설문조사인 〈발달 상태가 의심되는 초등학생에 대한 앙케이트〉(답변율: 537건, 2019년 5월 10일~17일 실시)에서 발췌.

Q. '부모 훈련'을 수강하게 된 계기는 무엇입니까?

아이의 특성을 이해하지 못해 육아에 어려움을 겪기 때문이라는 의견이 대다수였다. 치료 교육 시설이나 의사의 추천으로 수강하게 된 사람도 많았다.

Q. 수강한 뒤 좋았던 점을 알려 주세요.

- 효과적으로 대화하는 법을 배워 아이의 짜증이 크게 줄었다. 부모가 대하는 방법만으로 이렇게 달라지다니 놀라울 따름이다. 남편과 치료 교육에 대한 인식을 공유할 수 있으니 특히 부부가 함께 참가하기를 권한다. (6세 남아)

- 우리 아이와 비슷한 자녀를 둔 분의 이야기를 들을 수 있었는데, 나만 그런 게 아니라는 생각에 안도감이 들었다. (6세 남아)

- 부모의 자존감이 올라가고, 아이에게도 긍정적으로 말을 걸 수 있게 되었다. (10세 남아)

- 다양한 장애가 있는 아이의 보호자들과 함께 수업을 들었다. 이런저런 고민을 함께 나누면서 나 또한 울지 말고 힘을 내야겠다고 생각했다. 다른 사람에게도 추천하고 싶다. (8세 남아)

- 수업을 받고 안 받고는 엄청난 차이가 있다. 아이와 잘 지내기 위한 꿀팁을 많이 배웠다. 내가 평정을 찾은 만큼 아이도 안정적이고 평온하게 지내는 날이 늘어난 느낌이다. (8세 남아)

- 장애에 대한 이해가 늘어 감정적으로 대하는 일이 줄어들었지만, 이해했다고 생각하는 지금도 가끔 욱할 때가 있다. 아무것도 몰랐다면 서로 힘들었을 것 같다. (7세 남아)

제3장

'일상생활'에
속일 탈 때

부모의 눈에는 심각해도
아이는 문제라 생각하지 않는다

초등학교 고학년 정도 되는 아이가 전철 안에서 소란을 피우자, 욱해서 창피하다고 소리를 지르는 어머니는 화를 내고 싶어서 내는 게 아니다.

"기분이 좋으면 아무 데서나 소란을 피운다."
"실수를 바로잡아주면 금세 삐치거나 화를 낸다."
"집에서는 게임기를 손에서 놓지 않는다. 커서 '게임 폐인'이 될까 봐 무섭다."
"용돈을 주는 족족 써버려 매번 화를 내게 된다."

그만큼 부모가 아무리 심각하게 고민해도 사실 아이들은 별로 문제 삼지 않거나 다른 사람에게 피해를 주지 않는다고 생각하기도 한다. 아이들의 행동을 고치려면 어떻게 해야 좋을까?

제3장에서는 제2장에서 다룬 기본 생활 습관 이외에 집에서 발생했던 '난처한' 사례를 소개한다. 그리고 이를 해결하기 위한 대책을 몇 가지 이유와 함께 소개한다. 이러한 고민은 같은 고민을 안고 있거나 힘들어하는 부모의 이야기를 참고하면 빨리 해결할 수도 있다. 완전히 똑같은 처지에 놓인 사람을 찾는 건 어렵지만, 비슷한 경험담을 들으면 나만 어려움을 겪고 있다는 고립감으로부터 벗어나 홀가분함을 맛볼 수 있을 것이다.

멘토 카페[8]나 LITALICO 발달 NAVI처럼 전국 각지에 발달장애나 그레이존의 자녀를 둔 가족들의 모임이 있으니 근처에 있는 센터를 방문해보는 것도 추천한다.[9]

---

8 ※발달 상태가 의심스러운 자녀를 키운 선배 엄마(부모 멘토)가 양육 경험을 살려 상담자의 고민을 들어 주거나, 그에 맞는 세세한 정보를 제공하는 곳을 말한다. 다과를 즐기며 가볍게 얘기할 수 있으므로, 처음 방문한 사람도 편하게 참여할 수 있다.

9 국내에서도 지역별로 발달장애 부모를 위한 자조모임이 열리고 있다.

몇 번이고 주의를 주어도 말을 듣지 않는 아이

◆ 주의만 줘서는 어떻게 해야 할지 이해하지 못할 수도 있다

　과자를 먹은 뒤에는 쓰레기가 여기저기에 널브러져 있다. 옷도 벗은 채 그대로 둔다. 몇 번을 말해도 책가방은 거실에 던져놓는다. 매일 이런 일이 반복되고 몇번이고 주의를 주어도 행동이 나아지지 않으면 부모의 실망도 커진다. 같은 잔소리를 반복하는 데 지쳐, 내가 직접 하는 게 빠르겠다는 생각에 체념하고 대신 해결한 적이 한두 번이 아닐 것이다. 여기서 아이가 '엄마가 다 치우려면 힘드실 거야.' 하고 알아챈다면 좋겠지만, 대부분은 태평하게 놀고 있으니 그 모습을 바라보면 다시 속이 부글부글 끓는다. 어떻

게 해야 이러한 악순환을 끊을 수 있을까.

사실, 말투를 조금만 바꿔도 아이는 부모의 지시를 쉽게 이해해, 올바르게 행동할 수 있게 된다. 애초에 아이에게 부탁이나 지시가 제대로 전달되지 않았다면, '듣고 있지 않다', '부탁의 의미를 이해하지 못한다', '이해했지만, 관심이 없거나 하고 싶지 않다' 중 하나다. 전달되지 않는 이유에 따라서 대응은 달라진다. 그 내용을 바로 확인해 보자.

대책1) 아이의 관심 끌기

아이가 부탁을 듣지 않는다면 보통 TV를 보고 있거나 게임을 하는 등, 무언가에 열중하고 있는 때가 많다. 그럴 때는 부탁하는 타이밍을 잘 노려야 한다. 무언가에 열중하거나 혼란을 느낄 때는 부모의 말이 잘 들리지 않기 마련이다.

"엄마 말 좀 들어줄래?", "○○야."와 같이 말을 걸거나, 아이의 어깨를 두드려 주의를 끈 다음 말을 하면 좋다. 주의를 환기해 아이가 동작을 멈췄을 때 말을 건넨다. 이때, 아이의 시선을 끌 수 있는 물건을 준비해 두면 더욱 효과적이다. 지시와 관련 있는 물건을 건네거나, 그림 카드, 글씨 등 시각적인 도구를 사용하면 더 좋다.

얼굴을 보지 않고 멀리서 말을 건다면 중요도가 전달되지 않으므로, 침착하게 아이의 눈을 보며 담담하고 간략하게 지시를 전달하자.

아이와 눈을 마주치며 말하자.
시각적인 도구를 사용하면 효과적이다

대책 2 짧은 단어를 사용해 구체적으로 전달하기

"손에 세균을 묻힌 채 이것저것 만지면 더러워지니까 집에 돌아오면 바로 손부터 씻으라고 했잖니! 너, 자꾸 이러면 간식 안 줄 거야! 만날 흙투성이가 되어서 돌아오면서…." 아이에게 잔소리할 때, 이렇게 길게 얘기하고 있지 않은가? 하고 싶은 말이 꼬리에 꼬리를 무는 그 심정은 이해하지만, 너무 길어지면 아이는 제대로 이해하지 못한다. 주의를 줘도 '무슨 말을 하고 있구나'하고 흘려듣거나 멍한 표정을 지으며 무슨 말인지 잘 모르겠다는 반응을 보이기도 한다. 아이에게 주의를 줄 때는 하고 싶은 대로 말하지

대책 2
POINT

누가 들어도
알아듣기 쉬운 말로 지시하자

말고, 구체적인 단어를 사용해 짧고 명료하게 말하도록 연습해야 한다. "손 씻고 간식 먹자." 이것만으로도 충분하다.

이야기가 너무 길거나 추상적이거나, 내용이 애매해 부탁하는 본인조차 이해하지 못할 수도 있다 "물기는 제대로 닦아야지!", "그렇게 밥을 먹으면 어떻게 하니?", "깨끗이 정리해."와 같은 말도 아이가 받아들이기에는 너무 추상적이라서 뭘 해야 할 지를 모른다. 무엇을, 어떻게, 어디까지 하길 바라는지, 아이 본인이 구체적인 이미지를 떠올릴 수 있도록 전달해야 한다. "몸이 보송보송해질 때까지 닦아야 해.", "젓가락은 두 개 모두 오른손으로 쥐렴.", "바닥에 어지른 장난감은 상자에 집어넣어야지." 이처럼 누가 들어도 알기 쉽게 지시하면, 아이도 해야 할 일을 바로 떠올릴 수 있다.

나아가, '미리 전달하기', '짧은 지시를 하나씩 전달하기', '아이가 이해할 수 있도록 사진이나 그림을 활용하기'와 같은 방법을 함께 사용하면 효과가 배가 된다. 그래도 바뀌지 않는다면, 이는 아이가 부탁을 이해했지만 관심이 없거나 하고 싶지 않을 때다. 아이에게 그 이유를 묻고, 적절한 대응을 다시 생각해야 한다.

(대책 3) 스몰 스텝으로 접근해 '할 수 있는' 일을 늘리기

부탁의 내용을 이해했어도 아이가 하기 싫어한다면 그 이유를 아이와 이야기해 보자. 어른의 의도와 아이의 기분의 절충점을 발견하고 환경을 바꾸는 등의 대책을 시도한다.

지시에 따랐을 때 주는 '보상'도 동기 부여 대책 중 하나다. 예를 들어, 얌전히 지하철에 탔다면 역에서 도장을 받게 하는 등, 당연히 해야 하는 일이 아니라 했을 때 기분 좋은 일이 있다는 걸 알려주면, 아이도 의욕적으로 나설지도 모른다.

과제 수준(작업량이나 난이도)을 아이가 '할 수 있다'라고 생각할 수 있는 수준으로 낮춰보는 것도 좋다. 젓가락질이 미숙한 아이는 음식을 손으로 집어 먹지 말라고 잔소리를 해도 자기도 모르게 손으로 집기도 하는 등, 부모의 지시를 이해했어도 따르지 못하는 일도 있다. 요구되는 수준이 아이에게는 너무 높기 때문이다. 어느 정도면 할 수 있는지 아이와 함께 이야기를 나누고 낮은 목표로 다시 설정해야 한다.

대책 3 같은 활동이나 물건이라도, 직접 선택하게 하면 의욕이 더욱 생겨난다

성공하는 경험이 쌓이면 아이도 자신감을 얻는다

아이들은 실패하는 게 싫어 활동에 나서지 않기도 한다. 그럴 때는 끊임없이 확인하면서 반드시 성공할 수 있도록 도와주어야 한다. 아이의 흥미를 유발할 수 있도록 과제를 연구하는 방법도 있다. 아이의 흥미나 관심을 힌트 삼아 생각해 보자. 몇 가지 선택지를 준비해 두고 아이가 좋아하는 활동이나 물건을 직접 선택하게 하는 방법도 흥미나 의욕을 높일 수 있다.

아이에게 지시를 내리는 말투나 그 내용, 지시를 들어줬을 때의 대응을 연구했다 하더라도 아이의 발달 정도에 따라서는 지시를 모두 완벽하게 수행하기 어려울 수도 있다. 그럴 때야말로 스몰 스텝으로 접근해 작은 일부터 '할 수 있다'라는 경험을 늘려가게 한다. 성공을 계속 경험하면 아이도 자신감을 얻는다. 혹시나 실패하거나 제대로 하지 못했다 하더라도 탓하지 말고 아이가 끝까지 할 수 있게 도와주자.

 아이에게 지시하기 전에 마음을 차분히 다스린다. '말을 잘 전달하는 부모'가 되어야 한다.

우리 집 꿀팁

- 우리 아들은 정신이 산만해 무언가를 하다가도 쉽게 한눈을 팔아 일을 대충대충 하기 십상이다. 그런 아이에게 "문을 다 닫은 다음 여기 있는 그릇을 정리하렴. 그리고, 아빠에게 식사하시라고 말해줘." 하고 한꺼번에 부탁했더니, 금세 혼란에 빠지고 말았다. 아빠에게 말을 전해달라고 한 마지막 말만 기억하고 나머지는 잊어버리거나, 문을 닫다가 갑자기 그릇을 정리해야겠다는 생각에 일을 어중간하게 끝마치기도 했다. 그래서, 지시는 하나씩 내리되 그 일을 제대로 끝마쳤는지 확인하고 다음 지시를 내렸다. 이렇게 하나의 일을 제대로 끝내는 버릇을 들이고 있다. (7세 남아)

- 수업 중에 선생님께 지적을 받아도 계속 장난을 치거나 주어진 숙제를 하지 않기도 했다. 담임 선생님과 따로 연락을 주고받은 뒤, 집에서 바로 그 이야기를 하며 다음부터는 조심하라고 당부했다. 하지만, 일단 시작하고 나면 그만두려고 해도 그러지 못하는 경우가 많았고 이야기해도 약속한 내용을 금세 잊어버리는 일이 대부분이라 실제로는 개선되지 않았다. (10세 남아)

실패와 실수를 극도로 싫어하는 아이

◆ 실패에 대한 과도한 불안과 고집이 원인은 아닐까?

실패는 누구든 할 수 있다. 하지만, 그러한 사실을 받아들이지 못해 실패나 실수를 과도하게 싫어하는 아이가 있다.

민수는 부모가 숙제를 채점하다 "이 문제는 틀렸네. 여기서는 말이야……" 하고 부드럽게 알려주려는 찰나에 "상관 마!" 하고 화를 내며 말을 듣지 않는다. 그 이유를 물어보면 숙제를 던져버리거나 유인물을 찢어버린다.

철수는 체육 시간에 이어달리기할 때 첫 번째 주자로 뽑히지 않거나 줄넘기를 할 때 목표 횟수를 달성하지 못하면 짜증을 낸다.

수업 중에 혼자만 다른 교과서를 꺼내서 친구들에게 지적을 받은 영철이는 "시끄러워!" 하고 소리를 지르며 교실을 나가버렸다.

영수는 카드 게임이나 보드게임을 할 때 패배가 확정되면 카드와 장기말을 내던지며 "나 안 해!" 하고 소리치거나, 일부러 카드를 엉망으로 섞어버린다. 그 탓에 친구들로부터 "쟤랑은 다신 게임 안 해!"라는 소리를 들었다.

아이가 다시는 안 하겠다고 고집을 부리면, 부모는 아이가 자신감을 잃어 다른 일도 하지 않을까 걱정하게 된다.

이러한 경우는 실패에 대한 큰 불안, 정답에 대한 집착 등이 원인인 경우도 많다. 짜증을 부리거나 삐치는 것 자체는 나쁘지 않다고 알려주고, 화가 날 때 기분을 다스리는 방법이나 표현하는 방법을 알려주어야 한다.

(대책 1) 실패를 줄일 수 있는 환경 연구하기

실패한 경험이 많으면 자신감이 사라지고 다시 시도하려는 의욕을 잃어버린다. 우선은 되도록 집에서 아이가 성공할 수 있는 기회를 만들어 주어야 한다. 쓰기 연습을 할 때 항상 글씨가 칸을 벗어난다면 선생님과 의논해 다른 아이들이 사용하는 것보다 칸이 큰 공책을 준비하는 것도 방법이다. 도구 사용이 미숙하다면, 어린 아이들이나 노인들도 사용할 수 있는 보조

대책 1 실패를 싫어하는 아이에게는 틀린 문제에
POINT X를 치지 말고 포스트잇을 붙이자

도구를 사용해 보는 방법도 추천한다.

숙제나 시험에서 X표를 받는 걸 싫어하는 아이들은 X표 대신 포스트
잇을 붙여준다. 한 번 더 풀어보고 정답이면 포스트잇을 뗀 뒤 파란색 펜
으로 동그라미를 그려주고 '100점'이라고 쓰면 만족할지도 모른다. 가능하
다면 선생님이 반 전체의 채점 방법을 바꾸도록 요청하는 것도 좋은 방법
이다.

사소한 일이라도 아이가 훌륭하게 수행했다면 충분히 칭찬해 주자.

'만점 받고 싶다', '이기고 싶다'와 같은 생각에 지나치게 집착하면 그 이외의 결과를 받아들이기 어렵다. '이 정도도 괜찮다'라고 바꿔 생각하지를 못해 패닉 상태에 빠지고 만다. 이럴 땐 '틀릴 수도 있고, 질 수도 있다'라는 사실을 깨달을 수 있도록 주인공이 실패를 극복하는 그림책이나 만화책, 영화 등을 아이에게 보여준다. 부모가 실제로 경험했던 사례를 얘기하는 것도 방법일 수 있다. 이를 통해 아이는 점차 '질 수도 있어', '다음에는 더 열심히 하자', '괜찮아'와 같이 생각하게 될 것이다.

또는, 순전히 운만으로 단시간에 승부가 정해지는 카드 게임(카드를 뒤

대책 2
POINT
**운으로 승부가 결정되는 놀이를 하며
승패의 경험에 익숙하게 하자**

집었을 때 하트가 나오면 '승리'하는 게임 등)을 여러 번 반복한다. 많은 승리와 패배를 경험하다 보면 패배에 대한 공포심이나 불안을 완화시킬 수 있다. 이겼을 때 '보상'으로 과자를 준비해 둔다면, 아이도 의욕이 생기게 될 것이다.

게임을 하면서 "게임에서 지면 바보 같다고 화내지 말고, 아쉽다고 말하는 거야."와 같이 집단생활에 맞는 행동을 알려준다. 자신이 졌을 때 "아쉽다! 하지만 다음엔 꼭 이길 거야!" 하고 부모가 모범을 보이는 방법도 좋다.

(대책 3) 실패했을 때 기분 전환하는 방법 알려주기

아쉬운 기분을 짜증 이외의 방법으로 발산할 수는 없는지 아이와 함께 생각한다. '심호흡을 한다', '몸을 움직인다'와 같이 상황에 따른 몇 가지 방법을 종이에 써 둔다. 그리고 그림처럼 '짜증 온도계'를 만든 뒤, 아이가 짜증을 낼 때마다 "지금은 어느 정도지?" 하고 묻는다. 그런 다음, 기분을 발산하는 방법을 골라 시도해 보고 짜증 온도계를 다시 보여주며 기분이 어느 정도 가라앉았는지 함께 확인한다. 이후, 게임을 하기 전이나 아이가 짜증을 내기 시작했다면 이 발산 방법이 적힌 종이를 보여주고 방에서 나가도 괜찮다고 알려준다.

또, 공부 중에 잘못 쓴 글씨를 지우개로 지울 때 지저분해지거나 옆에 있는 글자도 지워져 버려 스트레스를 느끼는 아이도 있다. 이런 아이에

대책 3

POINT

짜증의 정도에 맞춰 발산 방법을 아이와 논의해 정하자

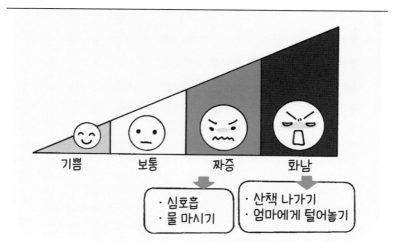

게는 옆 칸에 다시 쓰면 된다고 알려주면 기분을 전환하기 수월해질 것이다.

실패했을 때는 "괜찮아." 하고 말하게 하고, 만일 아이가 스스로 기분을 컨트롤할 수 있게 된다면 크게 칭찬해 주도록 한다.

 극단적인 사고방식에서 유연한 사고방식으로 전환할 수 있게 도와준다.

우리 집 꿀팁

- 승패에 집착하고 지는 걸 극도로 무서워한다. 승패가 있는 놀이는 되도록 피하고, 만일 하게 된다면 하기 전에 확인을 한다. (9세 여아)

- '실패'와 '패배'를 과도하게 싫어한다. 생각대로 되지 않으면 화를 내기 시작하고, 목소리가 커지며 공격적으로 변한다. 아이에게는 누구나 실패할 때가 있다며 이야기했는데, 설명을 받아들일 때도 있지만 그렇지 못한 경우가 대부분이다. 어쩔 수 없다고 이야기하고는 진정할 때까지 내버려 둔다. (7세 여아)

- 남에게 지거나 실수하는 일을 무척 싫어한다. 선생님에게 이러한 아이의 기질을 설명하고, 아이를 탓하기보다 적절한 해결책을 제시해달라고 부탁했다. (10세 남아)

- 승패에 집착하므로, 좋아하는 카드 게임을 하면서 스몰 스텝으로 조금씩 연습하는 중이다. 다섯 번에 한 번은 저도 화를 내지 않게 되었다. (6세 남아)

- 이기는 것에만 집착하고 지는 걸 싫어한다. 게임이니까 질 수도 있다고 미리 설명하거나, 졌다고 해서 울거나 화를 내면 주변 사람들도 재미없어진다는 사실을 알려주었다. (8세 여아)

3 같은 질문과 확인을 반복하는 아이

◆ 계속 확인하는 이유는 불안과 걱정 때문일지도 모른다

"엄마, 이번 주 일요일에 어디 간다고 했지?"

"그.러.니.까! 어제 고모 집에 간다고 말했잖아!"

(한 시간 후)

"엄마, 이번 주 일요일에…."

이렇게 아이가 똑같은 질문을 반복하는 탓에 "방금 전에도 말했잖니!" 하고 화를 내거나 어이없어 한 적은 없었는지 생각해 보자.

아이가 질문한 뒤, 대답을 잊어버리고 똑같은 질문을 다시 하면 "같은 질문을 몇 번이나 하는 거니!?" 하고 더 크게 화를 내고 만다. 또는, "기억력이 안 좋은 걸까?" 하고 불안해하기도 한다.

그러나, 기억력과는 별개로 불안이나 걱정 때문에 몇 번이고 질문하거나 확인하기도 한다. 일정이 바뀌었을까봐 불안하거나 걱정이 되어서 계속 질문하는 것이다. 또한, 일요일에 만나는 고모는 무서운 사람인지, 착한 사람인지를 몰라 불안해하면서도 이러한 감정을 확실하게 표현하지 못할 수도 있다. 나아가, 정해진 행동을 반복하면서 안도감을 느끼거나 '똑같은 대답'에 집착이 있는 아이도 있다.

질문을 억지로 끊거나, "계속 물어보면 안 갈 거야!"와 같이 조건을 붙여 어른의 말에 따르게 하려고 하면 아이의 머릿속에는 '안 가!'와 같은 말이 남아 오히려 불안해져 침착함을 잃게 된다. 아이가 무엇을 불안해하는지 찾아보고, 잘 달래주어야 한다.

대책1) 답변을 종이에 적어 눈으로 확인시키기

말로 하는 대답은 사라져버리지만, 종이에 써 두면 걱정될 때 언제든 볼 수 있다. 한 번 들은 대답을 잊어버리고 몇 번이고 질문하거나 일정이 바뀔까 걱정되어 질문을 반복하는 경우는 대답을 달력이나 단어장에 써 두어 아이가 스스로 확인할 수 있게 한다. 아이가 똑같은 질문을 반복할 때 대답하는 대신 달력에 쓰여 있다고 알려주거나 함께 확인하자고 제안한다.

대책 1

POINT

아이가 반복하는 질문의 답을 써 두고
눈길에 닿는 곳에 붙여 두자

(대책 2) 질문의 의도 파악하기

    같은 질문을 계속하는 건 대답을 알고 싶어서가 아니라 '그 사실을 확인하고 싶다', '그 사실에 대해 더 이야기하고 싶다', '사실은 다른 부탁이 있다', '엄마의 주위를 끌고 싶다'와 같은 이유가 숨어있을 수도 있다.

    아이가 "일요일에 어디 가?" 하고 묻는다면 "일요일에는 ○○ 공원에 갈 거야. 재밌겠지?" 하고 질문으로 대답하며 아이의 기분을 살핀다. "내일은 학교 가?"라는 질문에는 "맞아. 무슨 고민이라도 있어?" 하고 아이의 기분을 추측해본다. 뜬금없이 "오늘 반찬은 뭐야?" 하고 물어본다면 자기와 얘

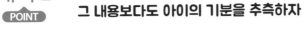

대책 2
POINT

같은 질문을 계속 반복할 때는
그 내용보다도 아이의 기분을 추측하자

기하길 바라는 기분의 표현일 수도 있다.

"방금 알려줬는데. 뭐였을까?"

"다른 질문 해 볼까?"

"고기 감자조림인데, 무슨 야채가 들어가 있을까?"

이처럼, 약간의 놀이도 섞어가며 아이를 만족시켜준다.

(대책 3) 질문의 횟수는 아이와 함께 정하기

정해진 행동에 안심하는 아이에게 질문을 못 하게 하면 불안이 커질 수

대책 3

아이와 함께
질문이 가능한 횟수를 미리 정하자

같은 질문은 3번까지

1	2	3	4	5
	이상해	끈질겨	질문을 듣고 짜증이 남	질문을 듣고 화가 남

있으니, 언제까지 질문하면 좋을지 아이와 함께 정한다.

질문의 횟수를 정해 종이에 써 두고 질문에 대답한 뒤에는 아이가 보는 앞에서 종이에 체크한다. 약속한 횟수를 다 채우면 아이에게 보여주고, "세 번까지 질문하기로 했지?"와 같이 확인시킨다. 아이가 "조금 불안해도 두 번으로 참을 수 있었어."라고 한다면 "두 번 만에 끝나다니, 잘했어!" 하고 그 변화를 확실하게 칭찬한다.

그럼에도 아이가 불안해한다면 받아들일 수 있는 범위 안에서 몇 번이고 질문할 수 있게 허락해도 좋다.

KEY Point 똑같은 질문만 하는 건, 기억력이 나빠서가 아니라 대부분 '불안'해서이다. 아이가 불안해하는 이유를 찾아본다.

우리 집 꿀팁

- 오늘 반찬은 뭐냐고 밤낮으로 계속 질문해 짜증이 나 미리 화이트보드에 메뉴를 써두어 아이가 질문하지 않아도 스스로 확인할 수 있게 했다. (10세 남아)

- 일주일 내내 내일 학교 가는 날이냐고 물어보기에 직접 달력을 보고 생각하라며 화를 냈다. 하지만, 달력을 봐도 오늘이 몇월 며칠 무슨 요일인지 모르는 걸 보니 아무래도 날짜 감각이 없는 듯했다. 토요일 수업이 있는 날[10]은 더욱 혼란에 빠지고 만다. 하루가 끝나면 달력에 X를 치게 하고, 토요일 수업이 있는 날은 빨간 글씨로 '등교일'이라고 쓰게 했다. (9세 남아)

---

10 일본 또한 2002년부터 주5일 수업이 도입되었지만 조건부로 토요일 수업을 진행하는 곳도 있다.

4 흥분하면 아무 데서나 크게 소란피우는 아이

◆ 주의가 산만하고 충동적이라 호기심이 이끄는 대로 움직일 수 있다

외출할 때 신경이 쓰이는 걸 발견하면 주위 시선에 아랑곳하지 않고 바로 달려나가거나 지하철이나 버스, 엘리베이터의 문이 열리자마자 뛰쳐나가는 아이가 있다. 나이를 먹을수록 부모의 손을 잡고 걷는 걸 싫어하기도 해 단순히 주의를 주는 것만으로는 말을 듣지 않아 애를 먹는다. 사람과 부딪히거나 아이를 잃어버리기도 해 부모의 걱정은 말로 표현할 수 없을 정도다.

"○○에서 XX까지는 손을 잡고 가자."라고 알려주고, 뛰어다니기 위험한

곳에서는 손을 잡고 걷는다는 규칙을 정해야 한다. 게다가, 쉽게 흥분하는 아이는 대중교통 등을 이용할 때 자신의 흥분을 쉽게 가라앉히지 못하고 큰 소리를 내거나 이리저리 뛰어다니기도 한다. 이럴 때는 부모 역시 감정적으로 아이를 혼내기 쉽다. 그러나 이런 훈육은 아이가 더 흥분해 버리고 마는 악순환에 빠지는 일이 종종 있다.

주의가 산만해 다양한 것에 관심을 가지거나 강한 충동으로 가만히 있지 못하거나, 혹은 본 것을 곧바로 누군가에게 이야기하고 싶어하는 특성을 가진 아이는 적지 않다. 이들에게 "얘기하지 마!", "움직이지 마!" 같은 말은 효과가 없다. 할 일이 없어지면 이번에는 혼자서 떠들기 시작하거나 노래를 부르기 시작하다가 이윽고 점점 목소리가 커져 다시 주변 사람들에게 민폐를 끼칠 수도 있다.

무작정 아이를 제지하려고 하지 말고 대안을 제안하거나 "길에서는 뛰면 안 돼. 대신, 공원에서는 마음껏 뛰자."처럼 당근과 채찍을 함께 제안한다. 장소마다 알기 쉬운 규칙을 정하고 이를 지키면 칭찬한다. 아이가 길을 잘 잃어버린다면 GPS 기능이 달린 휴대전화를 소지하게 하거나 연락처가 적힌 미아 방지표를 가방에 넣어두는 등, 대책을 마련해두면 좋다.

(대책1) 지하철이나 버스에서 조용히 시간을 보내는 방법 생각하기

조용해야 하는 장소에서는 아이가 집중할 수 있는 다양한 방법을 마련해야 한다. 책이나 게임, 음료수나 과자 등은 되도록 아이가 직접 고를 수 있

대책 1 POINT
끝낼 타이밍이나 시간을 미리 알려주자

> 2분 뒤면 내리니까 게임은 이제 그만하자.

게 한다. 소리가 나오는 장난감은 가져가지 못하게 하고 게임은 음소거한 상태로 플레이하는 등, 주변에 폐를 끼치지 않도록 미리 확실하게 약속한다. 생각하는 걸 좋아하는 아이는 수수께끼 책이나 퀴즈 책을 가져가게 하면 부모와 함께 재미있는 시간을 보낼 수 있다. 그림을 좋아한다면 작은 스케치북을 가지고 다니며 함께 그림을 그리는 것도 좋은 방법이다.

다만, "책 읽는 중이니까(게임이 안 끝났으니까) 지하철에서 내리기 싫어!"라고 말하지 않도록 목적지에 도착하면 그만해야 한다는 사실을 미리 알려주고, 도착하기 전에 "앞으로 2분 뒤면 내리니까 게임은 그만하자."라고 이야기한다.

만일, 이러한 물건을 챙기는 걸 잊었다면 끝말잇기를 하거나 "다음 역까지 빨간 지붕 집을 몇 개 찾았는지 세어보자.", "○○에 도착할 때까지 몇 대의 버스가 지나갈까?"와 같이 경쟁을 해도 좋고, 잠깐만 조용히 해주길 원한다면 "지금부터 30초 동안 조용히 하기, 시작!" 등 게임을 하듯 아이에게 알려주어도 좋다.

아이가 얌전해지지 않는다면, 지하철에서 내리는 등 일단 그 자리를 떠나 아이가 흥분을 가라앉힐 때까지 기다리는 것도 중요하다.

(대책2) 장소에 맞는 목소리 크기와 행동의 규칙 알려주기

아래 그림처럼 목소리의 크기를 객관적으로 보여주는 카드를 만든다. 부모가 큰 소리를 내며 "이 정도는 사자와 비슷해."라고 알려주거나, 작은 목소리를 내며 "이건 쥐가 내는 소리 정도야."처럼 직접 예시를 보여준다. 아이 또한 깨달을 수 있도록 각각의 목소리의 크기를 직접 따라 하게 한다. 그런 다음 "지하철 안에서는 목소리가 어느 정도여야 할까?", "엄마가 다른 사람이랑 통화하고 있을 때는?"과 같은 질문을 던지며 언제, 어디서, 어느 정도의 크기로 목소리를 내야 적당한지를 함께 생각한다.

외출할 때는 이 카드를 가지고 나가 지하철을 타기 전에 카드를 보여주며 재확인하면 좋다. 아이가 상황에 맞는 크기의 목소리로 얘기했다면 크게 칭찬해 준다.

대책 2
POINT
**목소리 크기를 시각적으로 제시하자.
자신의 목소리 크기를 객관화하자**

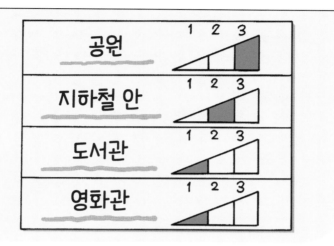

(대책 3) 흥분을 가라앉히는 방법 알려주기

흥분한 아이에게 "조용히 해!"라고 한들 침착을 되찾게 하는 건 여간 힘든 일이 아니다. 아이 스스로가 본인의 흥분상태를 알아차려 컨트롤 해주면 좋겠지만, 아이들은 대부분 자신의 상태를 객관적으로 판단하지 못한다.

그래서 위 그림처럼 '기분 미터기'를 만들고, "네가 흥분하면 엄청나게 큰 소리를 내거나 뛰어다녀. 흥분하기 전인 노란색 상태일 때 기분을 가라앉혀보자."라고 말해준다. 기분을 가라앉히는 방법은 장소를 옮기거나 심호흡을 하거나 손을 잡고 열을 세는 등, 무엇이든 상관없다. 아이와 함께 어

대책 3
POINT
'기분 미터기'를 만들어
자신의 기분의 정도를 알아채게 한다[11]

떤 방법이 좋은지 생각해 본다. 아이가 흥분하기 시작했다면 기분 미터기를 보여주고 "지금 노란색 상태야, 심호흡해 볼까?"와 같은 말을 건네어 아이가 알아챌 수 있게 한다.

시끄러운 곳에서는 아이가 큰 소리를 내기 십상이다. 그럴 때는 어른들도 작게 이야기하거나, 방의 창문을 닫아 바깥 소음이 차단하면 효과적이다. 이미 흥분해 말을 듣지 않는다면 아이의 기분을 전환시킬 수 있는 타이밍에 말을 건다.

 충동적인 아이에게는 자신의 상태를 객관적으로 바라볼 수 있도록 사전 예고와 시각적인 지시를 통해 접근하는 편이 좋다.

---

11 ※ 대책 3에 나오는 '기분 미터기' 상태를 더욱 세세하게 나누어도 좋다. [예시] ① 너무 재밌어서 뛰거나 물건을 던진다 / ② 너무 재밌어서 큰 소리를 내거나 몸을 움직인다 / ③ 재밌어서 말소리가 커진다. 몸을 움직이기 시작한다 / ④ 재밌어서 평소처럼 이야기한다 / ⑤ 재밌어서 미소짓는다 / ⑥ 얌전히 있는다.

우리 집 꿀팁

- 외출하면 몸을 이리저리 흔들어 물건이나 사람과 부딪히기도 하고, 가게 물건을 함부로 만지거나 금세 피곤해하며 칭얼거린다. 어디에 무슨 이유로 얼마나 오래 외출하는지. 아이가 어떤 식으로 있어 주길 바라는지 예고하는 방법을 취했다. (7세 남아)

- 어렸을 때부터 무언가에 꽂히면 곧장 달려가 미아가 된 적이 몇 번 있었다(아이는 이를 자각하지 못함). 그래서 외출할 때는 눈에 잘 띄도록 화려한 색의 옷을 입히는 편이다. 그밖에도 외출하기 전에는 사람들에게 아이의 행방을 물어볼 때 특징을 알리기 쉽게 사진을 찍어 두고, 아이에게도 이름을 확실하게 말할 수 있도록 연습시키고 있다. (8세 남아)

게임이나 인터넷만 하는 아이

◆ 간단한 게임이나 인터넷 동영상에 빠지기 쉽다

초등학생의 게임기, 혹은 스마트폰 보유율은 증가하는 추세다. 그래서 사줘야 할지 고민하는 가정도 많다. 아이들 사이에서 게임기는 커뮤니케이션할 수 있는 하나의 수단이 된다. 그렇다보니 아이가 "어린이 회관에 가면 모두 게임기로 대전 게임을 하고 있어 나만 낄 수 없었다."라고 말을 하니 안 사줄 수도 없는 노릇이다. 최근에는 휴대전화를 소지하게 하려고 하는 수 없이 스마트폰을 사주는 집도 있다.

게임이나 인터넷을 하고 있으면 시간이 금세 지나간다. 그래서 한가할 때

아무 생각 없이 접속하게 되니 "정신을 차리고 보니 만날 게임하고 있다." 라는 상황에 빠지기 십상이다. 어른조차도 게임이나 인터넷을 쉽게 끊지 못하는 상황에서 어린아이들이 이를 스스로 제어하기란 여간 어려운 일이 아니다.

상황이 심각해지면 억지로 못하게 했을 때 화를 내며 거친 말을 하거나 난동을 부리는 아이도 있고, 학교에서 있었던 기분 나쁜 일을 잊기 위해서 혹은 불안으로부터 벗어나기 위해 게임에 몰두하는 아이도 있다. 특히나 여가 활동이 한정되면 '게임을 할 수 없을 때' 무엇을 해야 할지 갈피를 잡지 못해 기분을 조절하지 못하거나 짜증이나 패닉을 일으키는 경우도 있다.

발달장애나 그레이 존의 아이는 대부분 인터넷이나 게임에 빠지기 쉬운 성향이라고 한다. 또한, 고학년이 되면 SNS 등에서의 대화나 커뮤니케이션을 끊을 수 없게 되고 접속하지 않으면 자신의 욕을 하는 건 아닐까 불안해하기도 한다. 오해를 살 만한 글을 써서 친구들과 다툼이 벌어지기도 한다. 그러므로 초등학생일 때부터 규칙을 지키는 법을 알려주고, 게임기 본체를 관리하는 일이 중요하다.

(대책 1) 아이와 함께 정한 규칙을 지키게 하기

게임이나 인터넷은 의존성이 있으므로 제한하지 않으면 시간 가는 줄 모르고 집중하게 돼 제지를 당해도 참을 수 없게 된다. 그러므로 시작 전에

대책 1
POINT

시작하기 전에
반드시 끝나는 시간을 정하자

제한적으로 사용할 수 있도록 가족들끼리 '규칙'을 만들어 두면 좋다. 규칙은 아이가 지킬 수 있는 내용이어야 한다는 점이 중요하다. 어른이 일방적으로 정하지 말고 반드시 아이와 논의해 구체적인 시간 등을 정한다. 이렇게 정한 규칙은 눈으로 확인할 수 있도록 종이에 써 두고 이를 철저히 지키게 한다. 아이가 규칙을 지키면 칭찬해 준다.

　게임이나 인터넷에 집중하고 있는데 갑자기 그만하라는 소리를 들으면 화가 나 폭언을 쏟아내거나 폭력을 휘두를 수도 있으므로, 시작하기 전에 반드시 "끝나기 5분 전에 알려 줄게."와 같이 예고하는 편이 좋다. 끝나는 시간을 알릴 때는 아이와 스킨십을 하면서 "앞으로 5분 남았어."와 같이 말하거나, 타이머로 알람을 맞추거나 시계에 스티커를 붙여 시각적으로 인식

시키는 것도 효과적이다. 최신 게임기에는 시간을 설정할 수 있는 기능이 있는 것도 있으므로, 아이와 논의해서 게임을 끝낼 시간을 설정한 다음 게임을 하게 하면 편리하다.

우선은 사소한 규칙부터 지키게 하고, 감정을 제어하는 연습을 시킨다. 정리정돈을 끝내면 보상으로 게임을 하게 해주는 것처럼 해야 할 일을 했다면 제한적으로 게임을 하게 해도 좋다. 그러면 아이의 의욕이 솟아날 것이다.

약속을 잘 지키지 않는다면, 1일과 같이 짧게 기간을 설정해 그 동안 지켜야 할 규칙을 만든다. 만일 약속을 지켰다면 다음 날도 계속하게 하거나 기간을 늘리는 등 조건을 완화해주고, 지키지 못했다면 규칙을 다시 정해 재도전하게 한다.

"오늘은 괜찮겠지.", "하도 조르니까 10분만 더 허락할게."와 같이 부모나 아이의 기분이나 상태에 따라 규칙이 달라지면 아이는 '규칙은 원래 그런 것'이라고 생각하게 되니 주의한다. 또한 아이가 규칙을 잘 지키길 바란다면 당연히 어른도 규칙을 지켜야 한다. "아빠도 회사에서 집에 오면 게임하면서, 나는 왜 안 돼?"라고 아이가 생각한다면 규칙을 지키려 하지 않을 것이다. 부모가 규칙을 지키는 모범적인 모습을 보이지 않는다면 설득력은 떨어진다. 어른도 지킬 수 있는 수준의 범위 안에서 규칙을 정해 지키는 노력을 해야 한다.

 게임기의 보관 및 관리는 아이의 자율에만 맡기지 말아야 한다. 초등학생은 자신의 충동을 관리하기 어렵다. 옆에 게임기가 있으면 나도 모르는 새 손이 갈 수 있으므로 게임을 다 했다면 반드시 부모에게 게임기를 맡기게 해야 한다. 끝나는 시간이 되면 반드시 부모가 아이로부터 게임기를 회수하는 규칙을 만들도록 한다.

 아이는 자신이 좋아하는 일에는 머리가 비상하게 돌아가기 마련이다. 게임기에 채워놓은 자물쇠의 열쇠를 찾아내기도 하고, 비밀번호를 몰래 알아내 잠금을 해제하는 아이도 있다. 그러니 가족끼리 납득 가능한 범위 내에

대책 2
POINT
**다 놀았으면 반드시 부모가 게임기를
회수해 잘 관리하자**

서 보관과 관리하는 방법을 검토해야 한다.

　대부분의 최신 스마트폰이나 게임기에는 부모가 관리할 수 있는 프로그램이나 기능이 있다. 옵션으로 선택할 수도 있으므로 아이에게 사주기 전에 판매점에 문의하는 것도 방법이다.

(대책 3) 아이가 흥미를 보일 만한 체험으로 유도하기

　게임이나 인터넷 말고 아이의 흥미나 나이에 맞는 놀이와 체험 활동을 추천한다. 아이가 축구 게임을 좋아한다면 실제 축구 시합을 보러 가는 등 되도록 외부에서 할 수 있는 경험이 좋다. 퍼즐 게임을 좋아하는 아이와는 프라모델이나 블록처럼 실제로 손을 움직일 수 있는 놀이를 해도 좋고, 육성 게임을 좋아한다면 실제로 식물이나 동물을 키워볼 수 있다. 전투 게임을 좋아하는 아이는 보드게임이나 승패가 걸린 카드 게임을 권하거나 게임 캐릭터가 등장하는 이벤트에 데리고 간다. 가족끼리 이벤트에 가도 좋고, 아이의 친구 가족와 동행하면서 게임이나 인터넷과는 다른 현실적인 즐거움을 맛보게 하는 것이다.

　외출을 좋아하지 않는 성향의 아이에게는 'e-스포츠Electronic sports' 경기나 프로그래밍 교재를 추천하는 것도 나쁘지 않다. 보드게임을 권하거나 함께 악기 연주나 요리와 같은 활동도 추천한다.

　처음부터 시간이 걸리는 활동을 하면 싫증을 낼 수 있다. 짧은 시간이더라도 다양한 체험을 해보고 나서 조금씩 흥미를 느끼거나 관심 분야를 넓

대책 3 '게임을 하듯' 받아들이면 아이도 의욕이 생겨난다

혀갈 수 있기를 바란다.

게임이나 인터넷처럼 손쉽게 쾌락을 느끼는 것에 익숙해지면 귀찮은 일을 더욱 하기 싫어한다. 아이가 다른 일에도 의욕을 가질 수 있는 계기를 만들어야 한다. '쓰레기 버리기', '그릇 정리하기', '수건 개기'와 같이 간단한 심부름을 게임을 하듯 참여하게 하는 방법을 예로 들 수 있다. 그림과 같이 포인트 표를 만들고, 심부름하면 스티커를 붙여주는 등 보상을 주는 것이다. 처음에는 '심부름 세 번에 과자 한 개'와 같이 보상 횟수를 적게 설정해 소소하게 성공을 체험하게 한다.

이것이 익숙해지면 '아버지와 세차하기', '어머니와 쿠키 만들기'와 같이 가족끼리 즐길 수 있는 내용을 추가해가면 훨씬 좋다.

인터넷에서는 다양한 심부름 앱을 찾아볼 수 있다. 심부름 포인트 관리 앱인 '도와줘てつだって'의 경우, 아이가 심부름을 하면 포인트를 받을 수 있는데, 이렇게 모은 포인트는 보상이나 용돈으로 교환할 수 있어 미취학 아동도 사용하기 편하다.[12]

 게임을 할 때는 부모가 관리하되, 아이와 함께 규칙을 정해 철저히 지키게 한다.

_____

12 유사한 한국어 앱으로는 '부지런(BuzyRun)', '아이부자' 등이 있다.

우리 집 꿀팁

- 내버려 두면 몇 시간이나 게임을 하거나 유튜브를 보기에, 타이머를 사용해 '60분이 지나면 45분 휴식'한다는 규칙을 정했다. 시간이 되면 타이머의 알람이 울리니 알아차리기 쉽고, 본인도 함께 정한 규칙인지라 지킬 수 있었다. (7세 남아)

- TV 보기, 게임 하기는 시간을 정해두었지만 좀처럼 그만두지를 못해 억지로 끄게 했더니 기분이 나쁜 모양이었다. 이럴 때 "왜 화를 낼까? 화내는 건 옳지 않아." 하고 제 입장을 전하며 아이를 진정시키려고 했다. 아이 또한 점차 자신이 화를 내는 의미를 이해한 듯 보였다. (8세 남아)

- 일단 하기 시작하면 집중력이 대단해 말릴 수가 없다. 그래서 가족끼리 '공부한 시간만큼 게임을 해도 좋다'라는 규칙을 만들었다. 그리고, 게임기 사용 시간 제한 기능도 활용하고 있다. (9세 남아)

- '지하철을 탔을 때만 게임을 해도 좋다'라는 규칙을 정했는데, 지하철에서 내린 뒤에도 걸으면서 계속 게임을 하려고 하니 통행에 방해가 되어 무척 곤란하다. 게임기를 억지로 빼앗으면 심하게 떼쓴다. 게임을 금지하는 방법도 생각해 봤지만, 시간을 때우는 데 이만한 것도 없어 지하철에서 내린 뒤에도 적당히 게임을 하게 하고, 그 뒤에는 게임기를 가방에 넣고 이동하기로 했다. (6세 아동)

6 돈 관리가 미숙한 아이

◆ 갖고 싶다고 생각하면 충동이 사그라지지 않는 걸까

　한 남자아이는 학교에서 쓸 새 공책이 필요하다며 어머니에게 2,000원을 받았다. 하지만 30분 뒤, 아이는 빈손으로 집에 돌아왔다. 그 이유를 물으니 문방구에 가는 길에 편의점에 들어갔는데, 2,000원이나 있으니 괜찮겠다는 생각에 800원짜리 껌을 샀다고 했다. 하지만, 막상 문방구에 도착하니 노트는 1,400원이라 돈이 부족했다는 것이다.

　가게에는 유혹이 많다. 아직은 나이가 어린 탓에 충동적으로 '갖고 싶다!'라고 생각했을 때 마침 주머니에 돈이 있다면 뒷일은 개의치 않고 구매해

버린다. 한 초등학교 5학년인 아이는 매달 5,000원씩 용돈을 받고 있었는데, 항상 일주일 만에 다 써버리고 말아 용돈이 부족하다고 화를 낸다. 할머니에게 받은 세뱃돈도 그 즉시 장난감 가게로 달려가 모두 다 써버리기도 했다.

이 남자아이처럼 '다음에 사기', '저금하기'와 같은 개념이 없어 돈을 안 쓰면 손해라고 생각해 받는 족족 다 써버리는 아이를 보며 고민하는 부모가 상당하다. 진짜로 갖고 싶은지 고심해서 사는 게 아니므로, 산 건 어쩔 수 없지만 아이가 금세 싫증을 내니 아깝다고 생각하는 부모도 많다. 그러나 초등학교 저학년 정도의 아이에게는 용돈을 저금하고 남은 돈을 생각하며 물건을 사야 한다는 개념이 부족하다. 충동적인 면이 있고, 필요한 것을 살 때는 얼마를 내야 하고 얼마가 남는지 그 자리에서 생각하지 못할 수도 있다.

그러나 아이가 자라면서 돈을 관리할 수 있기를 바라는 게 부모의 마음이다. 또한 사고 싶다는 충동을 억누르고 돈을 관리하는 능력은 어른이 가르쳐주어야 기를 수 있다. 아이가 충동과 싸워 이기도록 계기를 만들어 조금씩 자립하는 연습을 시켜야 한다.

대책1　용돈 기입장 쓰게 하기

항상 '이제 2,000원밖에 안 남았어' 하고 생각하는 아이는 돈을 낭비하지 않는다. 문제는 잔액을 인식하지 못하는 경우다. 용돈 기입장은 잔액을 인

대책 1 기입 방법은 스몰 스텝으로, 잔액을 보고 확인시키는 게 중요하다

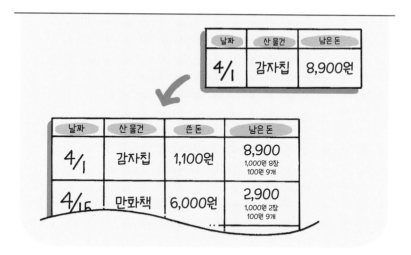

날짜	산 물건	남은 돈
4/1	감자칩	8,900원

날짜	산 물건	쓴 돈	남은 돈
4/1	감자칩	1,100원	8,900 1,000원 8장 100원 9개
4/15	만화책	6,000원	2,900 1,000원 2장 100원 9개 ...

식하게 하는 가장 좋은 방법이다.

다만, 표로 자세하게 만들면 쓰는 걸 귀찮아할 수 있으니 다음 그림처럼 '날짜', '산 물건', '금액', '잔액'이 한눈에 들어오도록 심플하게 만든다. 쓰기 어려워 한다면 처음에는 '날짜'와 '잔액'만 기입해도 충분하다. 기입 항목은 용돈 기입장을 작성하는 습관을 들인 뒤 늘려나가도 상관없다. 매일 스트레스를 받지 않고 계속할 수 있어야 한다는 점이 중요하다.

상세한 계산이 어렵다면 계산기를 사용하게 해본다. 지갑 안에 얼마가 있는지 알려주고 합계 금액을 쓰기만 해도 좋다. 영수증은 반드시 받아오게 하고, 용돈 기입장을 작성할 때는 부모도 도와준다. 이때, 부모가 "오늘은 뭘 샀어?", "얼마였어?"와 같이 질문을 던져 본인이 얼마를 썼는지 떠올리게 한다.

1,000원×4장 = 4,000원, 100원×8개 = 800원 등, 어떤 화폐가 얼마큼 있는지도 써 두면 아이가 잔액을 떠올리기 훨씬 수월해진다. 이 메모를 지갑에 넣어두면 충동 구매를 하려고 할 때 지갑 안을 보기만 해도 현재 돈이 얼마나 남았는지 알 수 있으므로 억제력이 생긴다. '10일에 있을 동네 축제 때 쓸 3,000원 남겨두기'와 같은 메모를 추가하면 효과는 배가 될 것이다.

어린이용으로 나온 간단한 용돈 기입장 앱도 많은데, 부모의 스마트폰으로 함께 관리해보는 것도 괜찮은 방법이다. 인터넷을 검색하면 미쓰이 스미토모 카드가 제공하는 어린이용 용돈 기입장 앱인 '헬로, 머니ハロまね', 이자가 붙는 '어린이 은행こどもぎんこう' 등 여러 가지 용돈 기입장 앱이 나온다. 이것저것 사용해 보면서 아이가 계속 사용할 수 있는 앱을 찾아보는 것도 좋다.[13]

(대책 2) 필요한 만큼만 용돈 주기

"이 5,000원은 준비물 값이야.", "이건 동네 축제 때 쓸 돈이니까 잘 보관해."와 같이 말하며 돈을 주어도 용돈과 합쳐서 지갑에 넣어버리면 나누어 사용하기 힘들다. 모두 다 본인의 돈으로 인식하고 말아 있는 대로 다 써버릴지도 모른다.

이럴 땐 용도 별로 지갑을 나누고 문방구에 갈 때 가지고 가는 지갑을 따

---

13 앱스토어에서 '아이 용돈기입장' 등의 키워드로 검색해 자신에게 맞는 앱을 내려받을 수 있다.

대책 2

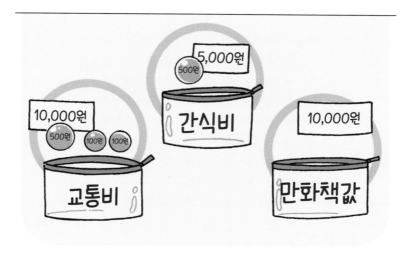

POINT 용도 별로 지갑을 나누고 잔액을 쓴 메모와
돈을 함께 넣어두자

로 만드는 방법이 있다. 그러면 필요 없는 물건을 사지 않게 된다. 용도를
나누는 법이나 어느 지갑에 얼마를 넣을지는 어른들도 아이와 함께 고민해
야 한다. 다만, 용도에 따라 돈을 나눈다는 사실을 깨닫게 하려면 아이가 직
접 지갑에 돈을 넣게 해야 한다. 이때, 지갑마다 잔액을 써둔 메모를 넣어
둔다.

지갑은 용도별뿐 아니라 기간별로 나눌 수도 있다. 예를 들어 한 달 용돈
이 50,000원이라면 네 개의 지갑을 만들어 각각 12,000원씩 넣어둔다. '남은
2,000원은 저금하기', '그 주에 용돈이 남으면 다음 주에 쓰기'와 같이 그때
마다 아이와 논의하면서 계속할 수 있는 규칙을 생각하도록 한다.

갖고 싶은 물건의 우선순위를 생각해두지 않으면, 닥치는 대로 사게 돼 정작 사려고 했던 물건은 살 수 없게 되는 상황에 빠질 수 있다. 아이가 그런 실패를 겪고 '돈이 없다'라고 침울해할 때가 계획 세우는 법을 알려줄 기회다.

"그럼 다음에는 무얼 살지 계획을 세워보자."라며 유도한다. 우선은 아래 그림처럼 갖고 싶은 물건을 써둔다. 우선순위와 대략적인 금액도 함께 적어야 한다. 그리고 용돈이나 세뱃돈을 받았을 때 아이와 함께 고민하며 금액을 공책에 적은 뒤 갖고 싶은 것과의 차액을 계산하게 한다.

대책 3
POINT

우선순위를 정해 정말로 갖고 싶은 것을 사기 위한 계획을 세우자

순서	이름	쓸 돈	부족한 돈
○○가 갖고 싶은 것			현재 보유 금액 20,000원
1	게임	140,000원	120,000원
2	RC	50,000원	30,000원
3	공룡 도감	9,000원	원

예산을 초과했다면 무엇을 먼저 살지 생각한다. 새롭게 갖고 싶은 것이 생기면 그때마다 함께 계획을 수정한다. 이 방법으로 불필요한 충동구매는 어느 정도 막을 수 있다. 나아가 용돈을 주기 전에는 공책을 보며 지난달에 받은 돈과 쓴 돈을 다시 확인하게 한다. 필요한 물건을 사지 못했던 이유를 생각하는 일은 자기 관리의 연습으로도 이어진다.

단순하게 예정에 없던 물건은 사면 안 된다고 막는 건 아이가 돈 관리능력을 키우는 데 도움이 되지 않는다. 눈에 보이는 숫자로 표현하고 함께 고민해야 한다.

(대책 4) 친구들끼리 돈 빌리기 금지

"돈 좀 빌려줘."라는 친구의 말에 돈을 빌려주거나 맛있는 걸 사주다가 용돈을 다 써버리는 일을 심심치 않게 볼 수 있다. 발달장애의 경향을 보이는 아이는 상대의 기분을 제대로 읽지 못할 수도 있어서 더 걱정이다. 아이는 친구라고 생각하지만, 사실 상대방은 아이를 돈줄로만 여기고 있을지도 모른다. 그러니 친구라도 돈을 빌려주거나 맛있는 걸 사주면 안 된다는 규칙을 아이와 정해둘 필요가 있다.

KEY Point   충동적이 아니라 계획적으로 돈을 쓰는 습관을 들이게 해야 한다.

우리 집 꿀팁

- 수중의 돈을 모두 사용하는 버릇이 있다. 오늘 사용할 돈을 정해 그만큼만 가지고 나가게 한다. (9세 여아)

- 아직 돈에 대한 개념이 부족하다. 그래서 병원처럼 어느 정도 아이에게 물건 심부름을 시켜도 괜찮을 것 같은 곳에서 간식 같은 싼 금액의 물건을 사게 시킨다. 금액, 화폐의 종류, 합계 등을 제대로 파악하는 것부터 시작하고 있다. (6세 남아)

진단과 복지 혜택

일본의 경우, 진단을 받지 않아도 소정의 혜택은 누릴 수 있지만(지역에 따라서는 진단서가 필요할 수 있다), 아동 발달 지원이나 방과 후 활동 서비스를 이용할 때 필요한 수급자 증명서[14] 등 일단 진단을 받으면 누릴 수 있는 지원의 폭이 커진다. 또한, 진단과는 별개로 장애수첩(障害手帳)이라는 것도 있다. 지적장애 진단을 받았다면 치료 교육 수첩療育手帳(도쿄도는 '사랑의 수첩愛の手帳')을 신청할 수 있다. 이 치료 교육 수첩을 소지하고 있으면 다양한 세금 공제 혜택을 받을 수 있다. 다만, 이는 광역자치단체를 비롯해 지방자치단체 등에 따라 다르다. 일본의 '장애수첩(障害手帳)'과 유사한 것으로 한국에는 장애인 등록증(복지 카드)를 발급해 할인 혜택 등을 제공한다.

일본에서는 상황에 따라서는 특별아동부양수당特別児童扶養手당[15]을 신청할 수 있다. 한국은 장애아동 수당을 신청할 수도 있다. 장애아동 수당이란, 일반적으로 만18세 미만의 정신적 또는 신체적 장애가 있는 아이가 받을 수 있는 지원금이다. 장애인으로 등록되어 있고 국민기초생활보장 수급자

---

14 수급자증(受給者証). 일본에서는 복지 · 의료 서비스를 이용할 수 있도록 기초자치단체에서 '수급자 증명서'를 교부한다.

15 정신, 신체에 장애가 있는 20세 미만의 아동을 보호하는 사람에게 지급. 의사의 진단서가 있으면 수첩을 발급받지 않은 발달장애 아동도 신청할 수 있다.

및 차상위계층인 경우 서류를 제출해 선정될 수 있다.[16] 이러한 신청을 통해 국가에서 경제적인 지원을 받거나 가계 부담이 줄어드는 효과를 볼 수 있다.

한국와 일본 모두 발달장애는 의료 기관에서 진단을 내린다. 진단 후, 약 처방을 비롯해 각종 신청이나 소견서 발급 등에 의사의 도움이 중요하다. 그러므로 무슨 일이 생겼을 때뿐 아니라 정기적으로 진단받는 주치의가 있어야 한다.

한편 일본의 경우, 지적장애가 없는 발달장애인에게는 '정신 장애자 보건 복지 수첩精神保健福祉手帳'이 발행된다. 교부 기준은 지자체마다 다르므로 인터넷이나 전문 기관에 문의하거나 다른 선배 부모들에게 물어봐도 좋다.

---

16 법제처의 "장애아동수당" 항목 참조. URL: https://www.pref.kyoto.jp/kr/04-04-03.html

제4장

**'학교생활'이
막막할 때**

장애가 있는 아이의 즐거운 학교생활을 위해 부모가 해야 할 일

    초등학교 일반 학급은 모두의 시간이 똑같이 흘러간다. 3학년은 3학년답게, 6학년이 되면 6학년답게. 모두가 병렬적인 성장을 요구받는다. 그러나, 발달 상태가 의심되는 아이나 장애가 있는 아이는 이러한 성장을 따라가지 못하기도 한다. 아이의 미숙함이 눈에 띌수록 부모는 초조해한다. "주변 아이들은 다 할 수 있는데 왜 우리 애만 못 하는 걸까?" 하고 낙담할지도 모른다. 게다가 학교의 일은 집에서와는 달리 부모가 개입하거나 도와줄 수 없는 부분이 많다.

    학교생활에서 아이가 어려워하는 일은 일정 부분 포기해야 한다. 아이에게 너무 완벽을 요구하지 않도록 하는 일이 중요하다. 그리고 학교 관계자의 협력을 얻기 위해서는 평소에 담임 선생님이나 이에 대한 이해도가 높은 사람에게 아이의 신경 쓰이는 점이나 장애에 대해 전달하고 '정당한 편의 제공'을 요구하며 학교와 함께 노력해야 한다. 정당한 편의 제공이란, 장애가 있는 아이가 장애가 없는 아이와 동등하게 학교생활을 영위할 수 있도록 장애 특성이나 미숙한 점 등에 맞게 편의를 제공한다는 뜻이다.

    읽고 쓰기가 서투른 아이에게 큰글자 교과서나 태블릿 PC, 음성 인식 프로그램 등을 이용해 공부할 수 있게 하고, 주위 자극에 민감해 계속 집중할 수 없는 아이에게 칸막이가 있는 책상을 준비하거나 별실에서 시험을 보게 하는 일 등이 학교생활에서 받을 수 있는 편의 제공 사례라고 할 수 있다. 다만, 진단을 받지 않은 '미숙한 정도'의 아이는 지원 범위에 해당하지 않을 수 있으므로 학교 측에서 확인하는 편이 좋다.

어느 정도 미숙함이나 실수가 보이더라도 아이가 학교에서 즐겁게 생활한다면 부모는 한시름 놓을 수 있다. 특성, 미숙함, 학교생활 속 상황이나 환경에 맞는 편의 지원을 바탕으로 아이가 학교에서 편하게 지낼 수 있도록 만들어 주어야 할 것이다.

① 수업에 집중하지 못하고 돌아다니는 아이

◆ 일부러 수업을 방해하는 건 아니다

　수업 중에 돌아다니거나 다른 아이가 말을 하는 데 끼어들기도 하고, 소곤대는 목소리가 거슬려 충동적으로 지적하러 가기도 하며 멍하니 있거나 잠을 잔다. 선생님의 눈에 이런 아이는 수업과 관련 없는 행동을 하는 '불성실한 학생'으로 보여 안 좋은 인상을 주게 된다.

　하지만 아이에게도 나름의 이유가 있다. "오늘은 집중해서 선생님 말씀을 잘 들어야지!" 하고 생각해도 가만히 앉아있지 못하고 금방 다른 일에 정신이 팔리고 마는 것이다. 한 번 한눈을 팔기 시작하면 수업에 다시 집중

하기 매우 어렵다. 게다가 학년이 올라갈수록 수업 내용은 어려워지니 점점 더 집중하기 힘들어진다.

"집중하지 못해 혼났다." → "기분이 진정되지 않는다." → "집중하지 못해 또 혼났다." 이렇게 악순환이 계속되면 아이는 자신감을 잃게 되고 결국 수업을 포기할지도 모른다. 심각한 경우, 수업 내용을 따라가지 못해 공부가 어렵게 느껴지거나 싫어지게 되고 주변 친구들에게 피해를 주게 돼 반에서 소외되는 등, 학교생활 그 자체에 영향을 미칠 수 있다. 되도록 빠른 시기부터 담임 선생님이나 주변 친구들에 도움을 요청하며 학교와 집에서 할 수 있는 대책을 취하도록 한다.

(대책 1) 교실 환경 바꾸기

다른 반이 운동장에서 체육 수업을 하고 있거나, 복도에서 누군가가 지나가거나 혹은 칠판 옆에 있는 책장에 보고 싶은 책이 꽂혀있으면 그곳에 온 신경이 집중될 때가 있다. 이럴 때는 담임 선생님과 수업 환경을 확인한다. 창가나 복도 쪽 자리는 바깥 풍경이나 소리에 신경 쓸 수 있으니 자리를 바꿔 달라고 요청하는 것도 좋다. 자주 이야기를 나누는 친한 친구와도 자리를 떨어뜨리는 게 좋을 수 있다. 책상이나 의자를 끄는 소리가 거슬린다면 다리 끝에 테니스공 등을 씌울 수 없는지 선생님과 상담해 본다.

칠판 옆에 책장이나 신경 쓰이는 게시물이 있다면 커튼 등으로 가려줄 수 있는지도 확인한다. 집중할 수 없을 때는 '눈을 감고 심호흡하기'와 같은

대책 1
POINT

**정신이 산만해지기 쉬우니
눈이나 귀가 받아들일 정보를 최소화하자**

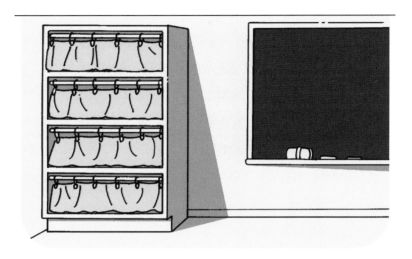

습관을 들이게 해 조금씩 스스로 조절할 수 있도록 지도한다.

대책 2 자리에서 일어날 때의 규칙 알려주기

아이가 수업 중에 자리에서 일어나는 데에는 이유가 있다. 무엇 때문인지 물어보고 질문에 대답하지 못한다면 "화장실에 가고 싶어?", "선생님 말씀이 어려워?"와 같이 그 나름의 이유를 추측해서 물어봐도 좋다.

다만, 이는 아이가 이유를 말할 수 있는 경우에 해당한다. 제대로 설명하지 못할 수도 있으니, 그럴 때는 자리에서 일어날 때의 규칙을 알려주어야

지시와 시각적인 표시로
질문해도 좋은 타이밍을 알려주자

한다. 즉, 손을 들거나 선생님의 허락을 받고 자리에서 일어나면 된다는 사실을 알려준다.

선생님 말씀이 어려워 잘 모르겠다면 "모르겠어요.", 화장실에 가고 싶다면 "화장실에 가도 돼요?", 쉬고 싶다면 "쉬는 시간은 언제예요?" 등 말하기 규칙을 정한다. 실제로 자리에서 일어나고 싶을 때를 상상해 정해둔 규칙에 따라 움직일 수 있도록 집에서 연습해야 한다. 혹은 "선생님, 질문이요.", "이거, 잘 모르겠어요."와 같이 간단한 문장을 종이에 써 필통 속에 넣어 두면, 수업 중에 주저하지 않고 행동할 수 있을 것이다.

질문할 타이밍을 알려주는 것 또한 중요하다. "선생님이 설명하고 계실 때나, 친구가 질문하고 있을 땐 기다려야 해.", "선생님이 '질문 있나요?' 하고 물어봤을 때나, 'ㅇㅇ가 말해볼까?' 하고 말했을 때는 질문하자."와 같이 알기 쉽게 설명한다. 가능한 경우, '질문 OK', '선생님 말씀 듣기'와 같은 표시를 교탁 위에 세워두는 것도 효과적인 방법이다.

대책 3 역할과 안식처 마련하기

어떤 수를 써도 아이가 앉아있기 힘들어한다면 역할을 만들어 일어날 타이밍을 마련하면 된다. 유인물을 나눠주거나 거두어오고, 교재를 옮기게 하는 등 수업 준비를 도울 수 없는지 선생님과 상담하는 것이 좋다.

대책 3
POINT
**앞에 나가 선생님을 돕게 해
다른 아이들을 방해하는 걸 피하자**

또한, 결국 참지 못해 충동적으로 뛰쳐나가는 경우를 대비해, 아이가 마음을 진정 시킬 수 있는 안식처를 선생님과 공유하는 것도 중요하다. 억지로 자리에 앉히려고 하면 공황 상태에 빠지기도 하므로, 아이에게 자리에서 일어나는 이유를 묻고 마음을 가라앉힐 수 있는 적절한 장소를 찾아주어야 한다. '화장실', '양호실', '도서실'과 같이 장소가 적힌 카드를 만들어 교실을 나서기 전에 본인이 선생님께 카드를 건네도록 하는 방법도 생각해 볼 수 있다.

고학년이 되면, 대부분은 자리에 얌전히 앉아 있게 된다. 단순히 혼만 내지 말고, 아이의 입장에 서서 다양한 방법을 찾아보도록 해야 한다.

 자극을 줄여 아이를 진정시키고, '돌아다니는' 행위를 다른 아이들에게 피해를 주지 않는 것으로 바꾸어야 한다.

우리 집 꿀팁

- 손으로 그린 그림 카드와 그림 연극 등을 이용해 돌아다니는 건 다른 친구들을 방해한다는 사실과 옳지 않은 행동이라는 사실을 등교 전, 하교 후에 매일 얘기한다. (6세 남아)

- 의자에 앉아있지 못하거나 칠판에 낙서도 하고, 다른 아이의 말에 끼어들거나 복도에 나가거나 혹은 수업과는 상관없는 행동을 하기도 해 2학기부터는 다른 학교의 특수학급으로 전학을 가게 되었다. 일반 학급에서는 기억해야 하는 정보의 양이 너무 많은 듯했다. 특수학급에서는 차분하게 수업을 듣고 있다. (8세 남아)

- 과제를 빨리 끝내고 남는 시간에 친구에게 말을 걸거나 일어나 돌아다니는 일이 있었다. 선생님이 유인물을 나눠달라고 부탁해도 대충 나누어주거나 거칠게 행동할 때가 있다. 지금으로서는 좋아하는 책을 읽게 하는 것 정도가 최선인 듯하다. (7세 남아)

- 누군가에게 지적받는 걸 싫어하는데, 이에 대해서는 선생님께 맡기고 있다. 짜증이 나기 시작하면 마음을 가라앉히기 위해 조용한 장소로 이동하는 듯하다. (8세 남아)

- 담임 선생님이 '잘했어요 카드'를 만들어 책상에 붙여두고 아침마다 그날의 목표를 설정한다. 수업 시간마다 목표를 지키면 동그라미를 치고, 방과 후에 확인한다. 담임 선생님이나 반 친구들의 칭찬에 자신감이 생긴 아이가 동그라미 숫자를 늘리려고 노력 중이다. (9세 남아)

이동 수업을 잊어버리거나 지각하는 아이

◆ 일부러가 아니라, 상황을 파악하지 못했을 수 있다

음악이나 실과 등 학년이 올라갈수록 이동 수업이 늘어난다. 발달장애나 그레이 존 아이는 '작업에 몰두한 나머지 정신을 차리고 보니 주변에 아무도 없었다'거나 선생님이 준비물을 챙겨서 복도에 줄을 서라고 모두에게 지시해도 자기 일이 아니라고 생각해 다른 친구들과 함께 움직이지 않아혼이 난 경험이 있을 것이다. '준비물을 챙겨서'라는 안내에도 뭘 준비해야 하는지 모르는 아이도 있다. 대부분의 경우는 아이가 단순히 주변 상황을 파악하지 못하거나 지금 하는 일에 몰두한 나머지 다음 일정을 잊어버렸기 때문에 발생한다.

대책1 따로 얘기하기 & 특성에 맞게 전달하기

우선은 주변 상황을 알아챌 수 있도록 "지금 다른 친구들은 뭐 하고 있는지 볼까?"와 같이 말을 걸어 달라고 담임 선생님께 따로 부탁한다. 주변을 둘러보고 아이가 서둘러 준비한다면 칭찬해준다. 따로 말을 걸어도 아이가 움직이지 않을 때는 "○○야, 다음은 음악 시간이니 리코더와 교과서를 챙겨서 복도로 가자."와 같이 해야 할 행동을 구체적으로 알려줘야 한다.

대책 1
POINT

**지시를 듣고도 눈치채지 못한다면
어깨를 가만히 두드려 알려주자**

이러한 일이 반복되면 "다른 친구들은 뭐 하고 있을까?"라는 말만으로 움직이게 될 것이다. 선생님뿐 아니라 친구들에게도 "다음 수업은 ○○야." 하고 알려주길 부탁해도 좋다.

다만, 개중에는 말만으로는 제대로 이해하지 못해 행동으로 옮기지 못하는 아이도 있다. 아이들 중에는 짧고 간결한 단어로 지시해야 하는 아이도 있고, 이유를 자세하게 설명해야 하는 아이도 있다. 종이에 적어 전달해야 이해하는 아이가 있는가 하면 스킨십으로 주의를 환기하고 전달해야 하는 아이도 있다. 만약 시각 정보의 이해가 빠른 아이라면 눈으로 보고 알 수 있도록 글씨로 알리는 방법을 추천한다. '다음 수업: 음악실', '준비물: 리코

더, 교과서'와 같이 칠판에 정보를 써 달라고 담임 선생님께 부탁할 수 있을 것이다.

부모는 평소부터 다양한 방법을 시도해 자신의 아이에게 어울리는 방법을 찾으면서 그 특성을 파악해야 한다. 그리고, 그러한 방법을 찾았다면 담임 선생님에게 전달한다.

(대책 2) 이동 수업별로 준비물 가방 만들기

이동 수업을 할 때, 교과서와 공책같은 준비물을 챙기는데 시간이 걸리

대책 2
POINT
과목별로 교과서-노트 세트를 만들자.
세트로 만들면 들고 다니기 편리하다

도서 가방　　　음악 가방

는 아이에게는 '미술 가방', '음악 가방', '도서 가방'과 같이 교재와 필요한 준비물을 용도에 따라 분류해 하나의 가방에 정리해두는 방법을 추천한다. 가방을 들고 다니기만 하면 되므로 아이도 편리하다. 이동 수업을 할 때도 허둥대지 않고 무사히 이동할 수 있을 것이다.

최근에는 시계를 보고 행동하는 습관을 들인다는 이유로 수업이 시작할 때와 끝날 때 모두 수업 종이 울리지 않는 초등학교도 있다. 하지만 시각이 나 청각 신호가 없이는 행동을 전환하지 못하는 아이도 많으니 이런 학교 에 다닌다면 타이머 사용을 제안하는 것도 나쁘지 않을 것 같다.

 교실 이동을 힘들어 하는 아이라면 준비물을 미리 챙겨두자.

우리 집 꿀팁

- 수업이 끝나면 운동장으로 쏜살같이 뛰쳐나가거나 책에 몰두하는 탓에 다음 시간이 이동 수업이라는 사실을 새카맣게 잊어버려 항상 수업에 늦는다. 그러나 같은 반 여자아이들이 아이의 특성을 이해하고 "다음 수업은 음악실이야."라며 챙겨주어 정말로 고마웠다. 아들에게는 항상 그 아이들에게 고맙다는 인사를 하라고 알려주고 있다. (10세 남아)

정리정돈이 미숙해 물건을 자주 잃고 잊는 아이

◆ 담임 선생님과 힘을 합쳐 '가시화'한다

　집에서 정리정돈을 잘 하지 못하는 아이는 대개 학교 책상 서랍이나 사물함이 엉망이다. 이런 아이는 뭐든 일단 보조 주머니나 책가방 안에 쑤셔 넣는 습관이 있다. 심한 경우에는 보조 주머니에서 코 푼 휴지가 나오거나 잃어버렸던 지우개가 서랍 속에 쌓여 있거나 몇 주 전에 나눠준 유인물이 책가방 속에 구겨져 있기도 하다.

　정리정돈을 못 하면, 수업 중에 보조 주머니에서 삼각자, 색연필 등을 바로 꺼낼 수 없다. 이동 수업 때 필요한 것을 찾지 못해 시간을 끌게 되므로

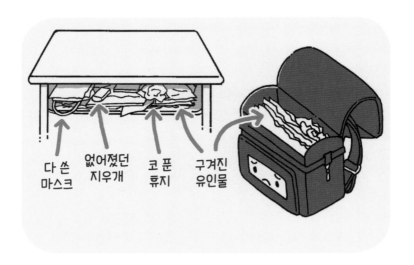

다 쓴
마스크

없어졌던
지우개

코 푼
휴지

구겨진
유인물

수업에 지장이 생긴다. 또한 집에 꼭 가져가야 하는 유인물이나 도시락 가방을 잊어버리면, 부모가 선생님에게 전달해야 할 것이 늦어지거나 놓고 온 물건을 찾으러 학교에 다시 가야 해 매우 힘들어진다.

아이가 물건을 잘 관리하지 못한다면 정리하는 장소를 한눈에 알 수 있게 구분하거나 되도록 간단하게 정리하도록 당부하는 등, 담임 선생님과의 협력을 통해 방법을 찾아야 한다.

대책 1 정리해둔 곳을 한눈에 알 수 있게 하기

정리할 곳을 몇 번이나 알려주어도 여전히 엉망이라면 눈으로 직접 확인할 수 있게 한다. 책가방을 넣어둔 사물함이나 물건이 깔끔하게 수납된 보조 주머니의 사진을 찍어 각각 사물함과 보조 주머니 속에 붙여 두는 것이다. 담임 선생님에게는 아이가 정리정돈이 미숙하다는 사실을 미리 알려 허락을 받는다.

책가방에는 학교에서 가지고 올 물건의 목록을 붙여두면 좋다. '목요일은 체육복', '금요일은 실내화'와 같이 요일별로 가지고 올 물건 목록을 만들어 책가방 안쪽의 잘 보이는 곳에 붙여둔다. 아이와 '유인물을 넣어두는 곳'을 정해서 '유인물'이라고 쓴 라벨을 책가방에 붙여두는 방법도 추천한다.

대책 1

POINT

**정리된 상태의 예시 사진을
눈에 띄는 곳에 붙여두자**

대책 2 쉬는 시간에 다음 수업 준비시키기

주변이 어수선하면 수업 시간에도 "공책이 어딨지?", "컴퍼스는?" 하고 혼란스러워하며 집중하기 어려워진다. 다음 수업을 미리 준비해 두면 금세 수업에 참여할 수 있으므로, 담임 선생님에게 아이의 특성에 대해 상담하고 매일 칠판에 '시간표'와 '수업 준비물'을 적어두도록 부탁한다. '3교시: 음악, 리코더, 교과서'라고 써 두면 수업이 시작된 뒤에 허둥대며 준비물을 찾는 일이 줄어들 것이다. 칠판에 쓸 수 없다면 작은 화이트 보드나 종이에 적어 아이 책상에 올려두는 등의 방법을 선생님과 논의해 보자.

대책 2
칠판 등 눈에 띄는 곳에 시간표와 준비물을 적어두자

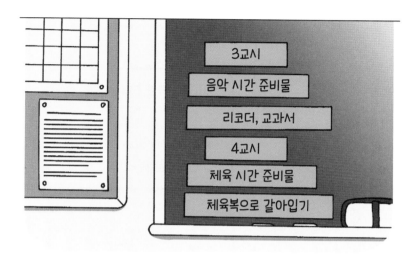

수업이 끝난 뒤에는 "리코더는 사물함에 넣어두자."와 같이 말해주면 아이도 조금씩 정리정돈하는 습관을 들일 수 있게 된다.

대책3 준비물을 두고 왔을 때의 대처법 미리 정하기

물건을 정리해 빠뜨리는 일을 없애려면 알림장에 준비물을 적어두는 것도 중요하다. 자기 손으로 직접 쓰면 머릿속에 들어오는 다양한 정보를 정리할 수 있다. 하지만, 알림장은 쓰다가 주의력이 흐트러져 써야 할 것을 빠뜨릴 수도 있고 악필이라 나중에 무어라 썼는지 본인도 알아보지 못하는

대책 3

POINT 대응 방법을 메모해
눈에 보이는 곳에 넣어두자

등, 실패할 경우의 수가 다양하다. 그러니 되도록 학교에서 쓰는 부담을 줄이는 방법을 연구해야 한다.

아이가 쓰기 귀찮아한다면 '준비물', '숙제'처럼 매일 똑같은 내용을 쓰는 항목은 집에서 한꺼번에 적어두도록 하면 좋다. 또는 도장이나 스티커 등을 사용할 수도 있다. 담임 선생님과 논의해 '국어 유인물'을 '국어 ', '숙제'를 '·'처럼 줄여서 쓰면 훨씬 편리해질 것이다.

혹시나 준비물을 두고 왔을 때에도 아이가 공황 상태에 빠지지 않도록 대처법을 미리 정해두면 좋다. 선생님에게 말하기, 친구에게 빌리기처럼 도움을 요청하는 연습을 미리 해두면 안심할 수 있다.

우리 집 꿀팁

- 책상 위나 책가방 안이 엉망이었다. 완벽한 정리를 요구하지 않는 대신 불필요한 것을 버리되 중요한 물건은 잃어버리지 않도록 하는 것을 마지 노선으로 정했다. (10세 남아)

- 단순히 "정리해."가 아니라, 구체적으로 "이 연필을 필통에 넣어야지."라고 지시를 내리고 있다. (7세 남아)

- 교칙 상 국어와 수학 교과서 및 공책을 제외한 물건은 학교에 두고 가도 되므로 집에 가져올 물건이 많지 않다. 집에 물건을 늘어놓지 않으니 없어지는 일도 없어 다행이라고 생각한다. (11세 남아)

- 눈에 띄는 물건이 많으면 관리를 하지 못한다. 이를 해결하고자, 학교에서는 책상 옆에 손잡이가 달린 가방을 걸어 두게 했다. 책상 서랍에 쑤셔 넣거나 놓아둔 곳을 잊어버리는 등 아직도 갈 길은 멀지만 관리할 수 있는 물건의 수가 조금씩 늘고 있다. (8세 여아)

4 집단생활 규칙을 어기는 돌발 행동이 눈에 띄는 아이

◆ 애초에 규칙을 이해하지 못하는 걸 수도 있다

초등학교는 어린이집이나 유치원보다 집단행동이 늘어나므로 지켜야 할 규칙이 월등히 많아진다. 규칙에 익숙하지 않은 아이는 이를 다 외우지 못해 당황하는 일도 허다할 것이다. 또한, 자기만의 규칙이나 페이스에 집착하는 아이는 집단의 규칙을 지키지 않고 행동할 때가 있어 주변에 피해를 주기도 한다. 반대로 규칙에 너무 잘 적응한 나머지 이를 조금이라도 어기는 친구를 보면 지나치게 몰아세우는 아이도 있다.

또한, 귀로 들은 정보를 잘 이해하지 못하는 아이는 처음에 규칙을 이야기해줘도 금세 잊어버리기 일쑤다. 처음부터 규칙을 이해하지 못하니 자신에게 불리한 일이 일어나면 마음대로 자신만의 규칙을 만들어버리기도 한다. '말하지 않아도 당연한 일'로 치부되는 암묵적인 규칙도 제대로 소리 내어 말해야만 이해하는 아이도 있다.

자신의 규칙이나 페이스가 있다는 건 나쁜 일이 아니다. 다만, 집단에 속해있다면 자신과 집단의 규칙의 접점을 찾거나, 혹은 그 방법을 배우는 일이 중요하다. 이를 위해서는 상황별로 집단의 규칙이나 흐름을 알기 쉽게 가시화해 전달하면 좋다.

규칙을 어겼을 때 "무슨 짓이야!", "그럼 안 되지." 하고 계속 지적하거나 못 하게 해도 아이는 그 의미를 이해하지 못한다. 오히려 자신이 부정당했다고 생각해 반발하는 일이 많다. "수업 종이 울리면 교실에 들어가야지.", "2반은 이 의자에 앉는 거야."처럼 구체적으로 표현할 수 있도록 선생님과 친구들에게 협조를 요청한다.

자신만의 규칙에 집착하는 아이는 규칙을 설명해도 납득하지 못하고 큰 소리로 소란을 피우거나 삐칠 수 있다. 이러한 아이에게 감정적으로 소리를 지른다면 상황은 더욱 심각해지므로 평소와 다름없는 태도로 짧고 구체

대책 1
POINT

규칙은 되도록
짧은 문장과 그림으로 전달하자

적인 단어를 사용해 설명한다. 당시에는 흥분해 이해하지 못했다 하더라도 마음을 가라앉히고 나면 받아들이기도 한다.

규칙은 언제든 확인할 수 있게 짧은 문장으로 표현해야 한다. 귀로 듣는 것보다 눈으로 보고 쉽게 이해한다면 문자나 그림으로 규칙을 설명한다. 이때, 규칙은 긴 문장이 아니라 항목별로 짧게 작성하기를 추천한다. 작은 공책에 아이 전용의 규칙 매뉴얼을 만들고 필요한 때마다 아이가 바로 보고 확인할 수 있으면 더욱 좋다.

대책2 규칙의 중요성 이해시키기

학교에서 꼭 지켜야 하는 규칙은 교실에 붙여두기도 한다. 하지만, 아무도 말해주지 않는다면 아이는 보고 지나칠 뿐이다. 선생님은 되도록 규칙이 있는 이유를 반 아이들 모두에게 설명해주어 평소에도 이를 지키도록 해야 한다. 규칙은 어른이라도 이해하고 받아들이지 않으면 지킬 수 없다. 선생님은 왜 규칙이 있는지, 아이가 그 중요성을 받아들일 때까지 구체적으로 설명해주어야 한다.

아이가 규칙을 잘 지켰다면 칭찬해 준다. 아이의 규칙과 페이스를 억지로 무너뜨리지 말고, 집단에서의 적절한 규칙을 아이에게 주입시키는 것을 목표로 하길 바란다.

대책 2

규칙이 있는 이유를
아이가 이해할 수 있는 단어로 설명

규칙 수업 종이 울리면 교실에 들어가기

수업 종은 다음 수업이 시작되었음을
모두에게 알리는 신호다.
수업 종이 울리지 않으면 다들 각자 따로 모이게 된다.
자리에 빨리 앉은 사람은 기다리는 동안 짜증이 날
것이고, 늦게 온 사람은 혼이 난다.
선생님도 화가 날 수 있다.
그러므로, 수업 종이 울리면 다 같이 노는 것을 멈추고
교실로 돌아가는 규칙을 지키는 일이 중요하다.

대책 3 기간을 정해 집에서 규칙을 지키는 연습하기

아이들은 머리로는 집단의 규칙을 이해해도 금세 자신만의 규칙을 우선
시하기도 한다. 우선은 집에서 사소한 규칙부터 지키는 습관을 들이고, 스
스로 컨트롤 하는 연습을 한다. "책가방은 바닥에 던져두지 말고, 선반 위
에 올려두자."와 같이 지키기 쉬운 목표를 정해 약속한다. 이때, "책가방을
거실 바닥에 던져두면 식구들이 지나다니기 불편해."와 같이 이유를 함께
전달한다.

규칙을 정했다면 눈에 잘 띄는 곳에 붙여두고, 이를 지켰을 때 스티커를

대책 3

POINT

아이가 지키기 쉬운
사소한 목표를 설정하는 것부터

붙여주는 등 시각적으로도 피드백을 확인할 수 있게 한다. 다음으로 규칙을 지키는 기간을 정한다. 달성할 때까지의 기간이 길면 동기 부여가 끊길 수 있으므로 기간은 1일~1주일 정도로 짧게 설정한다. 아이가 서명하는 칸이나 부모가 평가하는 칸을 만들고, 지켰을 때의 보상과 지키지 않았을 때의 벌칙을 써두면 아이의 의욕으로 이어질 수 있다.

규칙이나 시간, 약속은 반드시 아이와 함께 정하되 구두 약속이 아닌 확실하게 종이에 써두는 방법을 추천한다. 처음 설정한 기간 내에 달성하면, 조금씩 늘려가거나 다른 규칙에 도전하게 하는 것도 좋은 방법일 것이다.

KEY Point 우선은 아이가 달성하기 쉬운 약속부터 기간을 정해 시작한다.

우리 집 꿀팁

- 주위 친구들을 보고 따라하는 걸 어려워했다. 대체로 수업 종이 울려도 다음 행동을 하지 않거나 준비나 정리를 제때 끝마치지 못해 스트레스가 극에 달했다. 집에서도 그림으로 대략적으로 학교 규칙을 알려주고(자세히 설명하면 그 내용에 집착하므로) 순서표를 책상 위에 두거나 부모도 아이를 도와주러 가기도 한다. (6세 남아)

5 학급 활동이나 주변 일을 잊어버리거나 끝까지 하지 않는 아이

◆ '하기 싫다' 이외에도 이유가 있을 수 있다

초등학교에서는 대개 '학습지 나누미', '칠판 지우미'과 같은 학급 내 역할이나 급식, 청소와 같은 당번이 정해져 있다. 또한, 주변 일을 맡는 경우도 있다. 그러나, 해야 할 일을 잊어버리거나 놀자는 말에 당번 일도 내팽개치고 나가 버리는 아이들이 있다. 이에 대해 주변 친구들이나 선생님이 화를 내면 오히려 짜증을 내기도 한다. 한 남자아이는 학급 활동을 할 때 늘 할 일이 없다고 말하는데, 이는 자기만의 방식을 고집하는 탓에 다른 친구가 이 아이의 몫까지 떠안았기 때문이다.

또한, 뽑기로 정한 학급 활동이 좋아하지 않는 일이거나 학급 활동의 의미를 찾지 못해 의욕을 상실해 버리는 아이도 있다.

이런 경우는 담임 선생님께 도움을 요청해 일을 제시간에 끝내도록 서둘러 준비시키거나 아이의 의견을 들어주면서 학급 활동을 해야 하는 이유를 설명해주면 좋다. 또한, 학급 활동은 의무의 측면으로 접근하지 말고, 그 속에서 개인의 구체적인 목표(음식을 흘리지 않고 그릇에 담기 등)를 세우게 해 이를 달성했다면 다같이 칭찬해주는 등, 동기를 부여할 수 있는 구조가 중요하다.

아이 본인이나 담임 선생님의 이야기를 들으며 학급 활동이나 당번 일을 제대로 하지 못하는 이유를 찾아보고, 그에 대한 대비책을 생각해야 한다.

대책1 일의 내용과 순서 이해시키기

'내일은 주번', '수업이 끝나면 학급 활동하기'라는 건 알아도 아이는 그 내용이나 순서를 이해하지 못하거나 잊어버릴 수도 있다. 그럴 때는 담임 선생님께 미리 일의 내용을 물어본 뒤 '순서표'를 만든다. 해야 할 일의 내용을 '언제', '어디서', '무엇을 하나'로 나누어 적으면 이해하기 쉽다. 중요한 부분을 색깔 펜으로 표시를 하거나 일의 이미지를 그림으로 그려두면 도움이 된다.

'책상 닦기', '창문 닫기'와 같이 집에서도 할 수 있는 일은 미리 연습해

대책 1 **POINT** '언제', '어디서', '무엇을 하는지' 나누어 순서표를 만들자

	언제	어디서	무엇을 하나
		주번이 할 일	
☑	수업 전	자기 자리에서	'차렷, 경례' 인사하기
☑	수업 후	칠판에서	칠판 지우기
☐	급식 시간	친구들 앞에서	'잘 먹겠습니다'라고 인사하기

둔다. 이렇게 만든 순서표를 학교에 가져가면 안심하고 일을 할 수 있을 것이다.

대책2 모를 때는 주변 친구들에게 물어보기

모르는 일은 '누구에게', '어떻게' 물으면 되는지 정확하게 알려주면 일이 훨씬 수월해진다. 학급 활동이나 당번 일에 대해 "내일 학급 활동은 뭐지?" 하고 아이가 제대로 이해하고 있는지 확인하고, 일 때문에 불안해하면 선생님이나 친구에게 물어보라고 알려준다. 당번인 날에는 선생님이 조회 시

대책 2
모르는 일을
다른 사람에게 물어볼 수 있도록 연습하자

간에 다시 한번 알려줄 수 있도록 부탁해도 좋다.

일하는 도중에 무슨 일을 해야 할지 잊어버릴 때를 대비해 누구에게 어떻게 물으면 좋을지 아이와 미리 시뮬레이션해본다. 곤경에 빠졌거나 미숙한 일을 해야 할 때 주변에 도움을 요청하는 습관은 매우 중요하다. 그러니, 학급 활동이나 당번의 일을 계기로 주변에 도움을 요청하거나 감사의 인사를 건네는 연습을 해야 한다.

　학급 활동이나 당번 일을 하는 중이라도 놀자는 소리를 들으면 무심코 일을 내팽개칠 수도 있다. 유혹이 있더라도 우선순위대로 행동하게 하려면 집에서 조금씩 연습해야 한다.

　예를 들어보자. 한창 청소하다가 놀자는 친구의 말에 청소도구를 내던지고 놀러 나가는 아이의 이야기를 들려주고는 "이 아이가 한 행동을 어떻게 생각해?" 하고 묻는다. 아이가 "잘못했어!" 하고 대답한다면 "왜 그렇게 생각해?", "어떻게 했었어야 할까?" 하고 물어보고 함께 생각하도록 한다. "학급 활동이 끝나면 놀자.", "오늘은 당번이라 안 돼. 내일 놀자."와 같은

대책 3
POINT
부모가 자녀와 시뮬레이션을 해서 거절하는 방법을 늘려나가자

거절의 말도 여러 가지 생각해둔다.

거절이 서툰 아이는 목소리가 작아지거나 고개를 숙이기도 한다. 그러니 상대방에게 들릴만한 목소리로 말하기, 눈을 쳐다보고 말하기 등 상대방에게 거절을 전달하는 방법을 부모가 함께 연습하는 것도 좋다. 문제없이 거절의 말을 전했다면 칭찬해주도록 한다.

 학급 활동이나 당번 일의 내용과 순서를 이해시키고 끝까지 수행하면 칭찬해준다.

우리 집 꿀팁

- 환경 위원을 맡았는데, 물고기를 어떻게 길러야 할지 잘 몰랐던 모양이라 학교에 가기를 거부하기 시작했다. 그래서 담임 선생님으로부터 먹이를 주는 순서와 양, 먹이 주는 법 등을 사진으로 찍어 만든 자료를 받고 나니 아이의 불안이 해소되었다. (10세 남아)

- 학급 활동이 끝나면 놀 수 있다고 생각했는데, 시간이 없어 그러지 못했던 적이 있었다. 그 후로는 학급 활동을 매우 싫어하게 되었다는 말을 선생님에게서 듣고, 다방면으로 아이를 설득할 방법을 찾아보았다. 최근 닌자에 푹 빠져있기 때문에 '학급 활동(인원수 조사)은 닌자의 일과 똑같다'라고 설명했더니 의욕적으로 나서게 되었다. (6세 남아)

6 상황 전환이 미숙한 아이

◆ 학교는 활동의 '전환', '갑작스러운 변경'이 많은 장소다

학교에서는 수업과 쉬는 시간 등, 하나의 활동을 끝내고 다음 활동으로 넘어가야 하는 일이 많다. 그러나 하나의 작업에 지나치게 몰입하는 경향이 있는 아이는 끝났다는 신호를 주거나 수업 종이 울려도 계속하려는 경우가 대부분이다. 활동에 집중하고 있을 때 억지로 끝내게 하면 크게 화를 내거나 울어버리기도 한다.

또한, 학교는 항상 시간표대로 움직이는 곳은 아니다. 날씨에 따라 수영 수업이 취소되기도 하고, 선생님에 따라 수업 과목이 바뀌기도 한다. 그래

서 갑작스러운 변경도 받아들여야 한다. 활동이나 일정이 바뀌었을 때 아이가 변화에 따라가지 못하거나 불안을 느낀다면 그 해결 방법을 고민해 보아야 한다. 전환에 서툰 아이의 불안을 줄여줄 수 있는 도움을 찾아보자.

(대책 1) 시작 전에 '끝나는 시간'을 미리 알려주기

아이가 한 가지 일에 지나치게 집중하는 성격이라면 끝나는 시간을 구체적으로 정해 "○시까지야." 하고 미리 알려줄 수 있도록 담임 선생님께 부탁한다. 나아가 눈으로도 확인할 수 있도록 칠판에 '○시까지'라고 적어두고 소리가 나는 타이머를 세팅해두면 더 좋다.

다만, 시간을 잊어버릴 정도로 몰두하는 아이는 그동안은 시간을 제대로 확인하지 못한다. "갑자기 끝나버렸잖아……"라는 말을 하지 않도록, 종료 시간이 가까워지면 "종료 시간까지 앞으로 3분."과 같이 남은 시간을 알려준다.

예를 들면, 타이머를 수업과 똑같이 45분으로 설정하고 '알람이 울리면 수업 도중이라도 끝낸다'라는 규칙을 정해 두면 좋다. 시작하기 전에 "알람이 울리면 끝이야."라고 말한 뒤, 종료 시간이 가까워지면 남은 시간을 알려준다. '시간이 다 되면 작업 도중이라도 끝'이라는 감각을 익히는 게 중요하다.

개중에는 "끝까지 다 할 거야!"라고 의지를 보이는 아이들도 있다. 그러한 아이는 다음에 언제 다시 시작할 수 있는지 몰라 불안해하는 경우가

대책 1
POINT
언제 다시 할 수 있는지 알려주면 아이도 안심할 수 있다

많으므로, "수업이 끝나면 쉬는 시간까지는 계속해도 괜찮아."라며 활동을 '언제', '얼마만큼' 계속할 수 있는지를 함께 전달한다. 구체적으로 시간을 예상할 수 있으니 하는 도중이라도 일단은 손을 떼게 될 가능성이 높아진다.

타이머를 사용하자

나아가 집에서도 평소에 행동을 전환하는 연습을 해두자. "시간이 다 되면 그만해야지." 하고 아이가 긍정적으로 생각하는 일이 중요하므로 타이머 등 아이의 관심을 끌 만한 걸 사용하면 좋다. 예를 들어, 다음 페이지에 소개할 '생쥐 타이머'는 시간을 설정하면 생쥐가 사과를 먹기 시작하는데,

시간의 길이를 나타내는 '생쥐 타이머'(주식회사 LITALICO)
(http://app.litalico.com/mousetimer/jp.html)

영상이 끝날 즈음에는 보상으로 생쥐가 치즈를 먹는 모습이 나온다.

사과를 하나 먹는 데 걸리는 시간은 10초다. 이 타이머를 통해 아이가 재미있게 시간 감각을 배울 수 있으니 한번 사용해 보기를 바란다. 이러한 재미있는 타이머를 이용한다면 좋아하는 작업을 하다가도 "끝나는 거 싫어……"라는 소극적인 기분이 사라지고, 즐겁게 다음 활동으로 전환하는 연습을 할 수 있을 것이다.

대책 2 갑자기 예정이 바뀌면 빨리 알려주기

학교에서는 예정이 갑자기 바뀔 때가 있다. 앞으로 어떻게 될지 시각적으로 미리 파악할 수 있으면 마음의 준비를 할 수 있고 대응 방법도 생각할

대책 2
예정의 변경을 미리 전달하면
마음의 준비를 할 수 있다

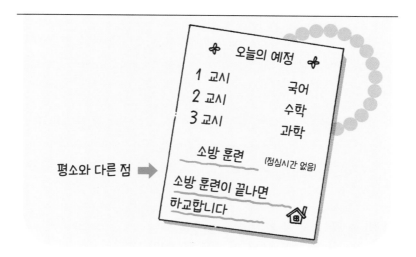

수 있지만, 갑작스러운 변경으로 일이 예상대로 진행되지 않는다면 어른이라도 스트레스가 쌓이기 마련이니, 아이는 말할 것도 없다.

변화에 대처하지 못하는 아이는 '평소와 다른 것'이 있으면 큰 불안을 느껴 감정이 격해지기도 한다. 그러니 예정이 바뀔 때는 활동을 시작하기 전에 되도록 빨리 알려주어야 한다. "비가 오면 체육 수업은 운동장이 아니라 체육관에서 할 거야.", "다음 달은 자리를 바꿀 예정이야."처럼 확실하지 않은 변경 내용도 미리 전달하도록 한다.

예정 변경은 직전에 알리기보다는 미리 알고 있어야 마음의 준비를 할 수 있다. '갑자기 변경' 되지 않도록 하는 것이 중요하다.

제4장 '학교생활'이 막막할 때

155

일정이 갑작스럽게 변경되었을 때, 구두로만 전하는 게 아니라 아이가 눈으로 확인할 수 있도록 그 이유를 화이트보드나 종이에 써서 붙여둔다. 원래 예정과 변경된 새로운 예정을 쉽게 파악할 수 있게 적어두고, 그 이유도 짧게 추가하면 아이도 예상하기 쉽고 이해가 빨라진다.

아이가 짜증을 부렸을 때 "갑자기 바뀌어서 놀랐지. 미안해." 하고 공감해준다면 아이도 금세 침착함을 되찾을지도 모른다. 그리고 아이가 차분해졌다면 칭찬해 주는 일도 잊지 말아야 한다.

대책 3
POINT
눈으로 확인할 수 있도록
변경의 '내용'과 '이유'를 적어두자

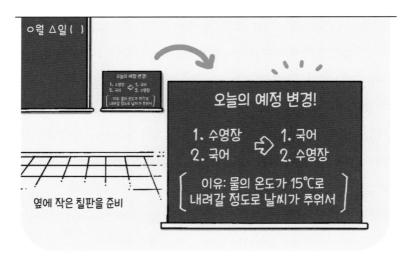

우리 집 꿀팁

- 상황의 전환을 불편하게 여겨 3분 남았다고 알려주어도 얼마 뒤에 멈춰야 하는지 이해하지 못했다. 타이머와 모래시계, 아날로그 시계처럼 남은 시간을 눈으로 확인할 수 있는 도구를 사용하면 좋다고 하기에 집에서는 스마트폰의 타이머 앱으로 시간을 설정하기로 했다. 남은 시간을 눈으로 확인할 수 있고 끝나는 시간에 알람도 울리므로 아들도 알기 쉬운 모양이다. 도중에라도 일단락짓고 기분을 전환할 수 있게 되었다. (6세 남아)

- 아이가 좋아하는 애니메이션 중 러닝타임이 예정시간과 거의 비슷한 것을 녹화해 보여주어 아이가 기분 좋게 일을 끝내게 한다. 그리고나서 다음 일정을 진행하게 한다. 가끔 주스로 낚을 때도 있다. (9세 남아)

- 쉬는 시간이 끝나고 수업을 시작해야 하는 걸 힘들어했다. 담임 선생님께 상담해 미리 시간표를 보며 일정을 쉬는 시간이 끝나기 전에 미리 알려주도록 부탁드렸는데, 점차 시간을 알려주지 않아도 쉬는 시간에서 수업 시간으로 문제없이 넘어갈 수 있게 되었다. (7세 남아)

- 남는 시간을 어떻게 보내야 할지 몰랐고, 특히 힘들어했던 시기가 있었다. 쉬는 시간에는 그림 그리기 등을 하도록 사전에 지시하자 안심하고 시간을 보낼 수 있었다. (10세 여아)

7 소풍이나 운동회에 참여하지 않는 아이

◆ 불안하고, 미숙하고, 민감한 건 아닐까

운동회나 소풍, 학예회와 같은 학교 행사는 부모가 아이의 성장을 확인할 수 있는 즐거운 이벤트이지만, 참가하기 싫어하는 아이도 있다. '평소와 다른' 행사이니 뭘 할지 모른다는 불안감에 거부할 수도 있고, 참가 종목이나 공연 중에 자신이 잘 하지 못하는 것이 있어 거부하는지도 모른다. 또는, 감각이 민감해서 어수선한 분위기가 싫다고 느낄 수도 있다. 이처럼, 참가하기 싫어하는 이유는 여러 가지가 있으므로, 정확하게 파악하도록 한다.

대책 1　사전에 이미지 트레이닝 하기

'평소와 다른 일'에 불안을 느끼거나 짜증을 낼 것 같다면 할 일을 구체적으로 떠올려볼 수 있도록 과거 행사의 비디오나 사진, 안내문을 보여주거나 그날 스케줄을 아이에게 미리 알려주자. 이러한 행동을 여러 번 반복해 행사 전에 이미지를 떠올린다면 안심할지도 모른다. 동영상은 상상하는 데 큰 도움이 된다.

심하게 불안해하는 아이는 '화이팅하자'라는 말에 한층 더 불안해한다. 그러니 처음에는 '재밌게 놀자'라는 말만으로 충분하다. 소풍은 처음 가보

대책 1

POINT

자료를 보는 것조차 싫어한다면 무리하지 않는 범위에서 달래보자

는 곳일 수도 있으니 '어디서' 무엇을 하는지 미리 떠올려보면 안심할 수 있을 것이다. 구글 어스나 스트리트뷰를 사용해 그곳의 모습을 확인하는 방법도 추천한다. 가능하다면 가족끼리 사전답사를 가서 즐거운 추억을 쌓는 것도 좋은 방법이다.

본 무대를 대비해 행사 당일의 일정을 아이가 다루기 쉬운 크기의 카드로 만들어 건네주는 것도 좋다. 카드를 보면서 아이가 참가하는 종목, 휴식 시간 등을 설명해두자. 행사 당일에 아이가 불안할 때 누구에게 의지하면 좋은지도 미리 알려주면 부모도 안심할 수 있다.

　아이가 어려워해 참여하기를 주저하는 참가 활동이 있다면, 그나마 덜 어려워하는 것에만 참가시켜보는 것도 좋다. 운동회를 예를 들어보자. 처음부터 빠짐없이 참가하기란 매우 어려우므로 담임 선생님과의 상담을 통해 프로그램 중에 '① 아이가 참가할 수 있을 것 같은 종목', '② 환경 정비나 도움이 있다면 참가할 수 있을 것 같은 종목', '③ 참가가 어려운 종목'으로 분류한다. 연습하는 과정에서 참가할 수 있는 종목이 늘어난다면 아이와 이야기를 나눠보고 처음 예상보다 참가하는 종목을 늘려보는 것도 좋다고 생각한다. "어차피 난 잘 못하니까……" 아이가 의기소침해하는 것 같다면 자

대책 2
POINT
**하는 방법을 연구하거나 도와준다면
참가할 수 있는 가능성이 커진다**

신감을 가질 수 있도록 따로 연습시킨다.

②의 내용처럼 하는 방법을 연구하거나 도와주면 참가할 수 있는 종목도 있다. 줄다리기를 할 때, 아이가 다른 아이와 가까이 붙어 있는 걸 싫어한다면 제일 뒤에 서게 할 수 있고, 소리 높여 응원하는 역할을 맡길 수도 있다. 이처럼 부담이 없는 범위 내에서 참가할 수 있는 방법은 없는지 담임 선생님과 논의해 보아도 좋다. 총소리를 싫어한다면, 깃발로 출발 신호를 줄 수 없는지 상담하는 것도 좋은 방법이다.

(대책 3) 스몰 스텝으로 접근해 성공을 경험하게 하기

학교 행사에서는 본 행사에 앞서 시합이나 연기를 계속 연습해야 할 수도 있고 평소와는 다른 규칙을 지켜야 한다. 요구되는 수준이 높거나 규칙을 이해하기 어렵다고 생각된다면 동작이나 활동을 세세하게 나누어 설명한다.

릴레이 연습을 한다고 가정해 보자. 처음에는 적은 인원으로 체육관과 같은 알기 쉬운 장소에서 연습을 시작한다. '순서 기다리기', '바통을 받아 달리기', '바통 넘기기' 이 세 가지 행동을 그림 카드로 만들어 이를 보여주면서 각각의 행동을 연습시킨 뒤, 문제없이 수행한다면 여러 친구들과 함께 연습하는 것이다. 다수의 인원에서는 흥분해서 규칙을 지키지 않거나 반대로 긴장해 제대로 움직이지 못할 수도 있으므로 조금씩 인원수를 늘리면서 집단 연습을 시키는 방법도 좋다.

대책 3

개별 연습을 통해
방법을 익혔다면 집단 연습에 참가시키자

KEY Point 학교 행사에 가기 싫어하는 아이는 무리하지 말고 할 수 있는 범위 내에서 참가하는 방법부터 시작한다.

우리 집 꿀팁

- 초등학교 1학년 때 소풍을 갔는데, 엄마가 같이 갔음에도 아이가 싫어하는 단체 사진을 찍게 되어 공황 상태에 빠져 아이가 도망갔다. 특수학급으로 옮긴 뒤로는 단체 사진에서 빠질 수 있었고 이후 일정도 미리 전달받은 덕에 선생님과 참가할 수 있게 되었다. (8세 남아)

- 행사가 있는 날이면 학교에 가지 않거나 학교에 가기 싫다고 떼를 써 무척 애를 먹었다. 소풍 때는 학교 측에서 사진을 보여주며 그날 일정을 여러 번 설명해주기도 하고, 가족끼리 소풍 일정에 따라 미리 외출해 본 덕분에 조금씩 나아졌다. (8세 남아)

- 교외 체험 학습은 할머니가 따라가거나, 또는 갈 수 있을 것 같은 장소만 참가했다. 그리고 운동회는 애착 인형을 가지고 가게 하고, 반 텐트 옆에 일인용 텐트를 쳐 두어 언제든 마음을 가라앉힐 수 있게 했다. 응원전과 같이 큰 소리를 내야 할 때는 끝에 서게 해 언제든 빠질 수 있게 했다. 그리고, 항상 부모가 곁에 있으면서 공황 상태에 빠졌을 때는 달래주었다. (8세 여아)

- 운동회는 매년 연습에 참가하는 것부터가 큰 난관이었다. 댄스도 점점 어려워져 제대로 따라갈 수 없다는 사실이 본인에게 더 큰 거부감으로 작용하는 듯했다. 지금은 학교에서 여러모로 배려해주어 억지로 연습시키는 게 아니라 견학부터 하게 해 눈으로 보고 익히도록 하고 있다. 일반 학급에 배치되어 있지만, 특수학급의 연습에 참가시켜 되도록 행사 당일에 참가시키려고 한다. (9세 남아)

학교 선생님과 연계하는 방법

이번에 LITALICO 발달 NAVI와 함께 설문조사를 실시했다.[17]

Q. 선생님이나 학교와의 관계에 고민한 적이 있습니까? 혹은, 있었습니까?

네 ··· 62% / 아니오 ··· 38%

Q. 어떤 점이 고민이었습니까?

선생님에 따라 이해도와 대응 방법이 달라 담임 선생님이 바뀔 때마다 관계를 다시 구축해야 하는 점이 힘들었다는 의견이 압도적이었다. 또한 학교 선생님에게 의견이나 요청을 말해도 이해해 줄지, 어느 선까지 상담해야 하는지, 그 정도를 잘 몰라 고민하는 보호자가 많았다.

Q. 고민 해소를 위해 어떠한 대책을 세웠는지 알려주세요.

- 치료 교육 시설 선생님에게 설문지를 미리 작성해달라고 부탁하고, 이를 바탕으로 면담하거나 요청서를 작성했다. (6세 여아)
- 교장 선생님과의 면담을 거쳐 아이와 함께 등교하기로 했다. 되도록 부

---

17 ※LITALICO 발달 NAVI 이용자를 대상으로 한 설문조사인 '발달 상태가 의심되는 초등학생에 대한 설문조사'(참여 수: 537건, 2019년 5월 10일~17일 실시)에서 발췌.

모가 딸을 케어하되, 딸의 미숙한 부분은 아이와 관련된 모든 선생님에게 공유했다. (7세 여아)

- 주치의의 의견서를 학교와 시에 제출했다. 시 대표자와 주치의, 케이스워커caseworker, 아동위원이 학교를 방문해 부모와 교장 선생님, 교감 선생님과 함께 이야기를 나눴다. 이러한 모임을 정기적으로 갖고 있다. (7세 남아)

- 친목회 등에 적극적으로 참가하고 선생님과 의견을 나눴다. 전화나 알림장도 활발하게 이용하고 있다. 아이의 특성이나 집에서 효과를 본 대응책 등을 정리해서 선생님에게 전달했다. 우리가 도움을 요청해야 하는 입장임을 늘 염두에 두고 있다. (8세 여아)

- 전임 방과 후 아동 지도사, 스쿨 카운슬러school counselor에게도 아이의 상황을 면밀하게 전달했다. 부모의 의견보다 전문가의 조언이라는 형태로 요청하면 잘 들어주었다. (8세 남아)

- 오랫동안 아이를 돌보아 이해도가 있는 교육 상담 카운슬러나 치료 교육의 작업치료사 선생님, 통학학급 지도 선생님으로부터 도움을 받고 있다. (8세 여아)

- 병원에서 받은 조언을 학교에 전달한 결과, 학교의 주최로 학교, 방과 후 돌봄, 방과 후 활동 서비스와 가정 등 모든 관계자가 참석하는 회의를 열어 정보를 공유하고 대응을 통일할 수 있도록 노력했다. (10세 남아)

- 담임 선생님에게만 맡기는 게 아니라 방과 후 활동 서비스를 이용하거나 진찰을 받는 등, 부모와 자녀 모두 여기저기 상담할 수 있는 환경을 마련해 두었다. (11세 남아)

학교, 학급, 네 가지 선택지[18]

많은 부모들이 배움의 환경이나 진로에 대한 고민 또한 안고 있으리라 생각한다. 입학 전은 물론이고 입학 후에도 이 고민은 항상 따라다닌다. 아이가 공부할 수 있는 최적의 장소는 어디일까?

본서에서는 주로 일반 학급에 다니는 아이의 어려움을 소개하고 있지만, 입학 상담 때 통합 학급이나 특수학급을 추천받는 아이도 있다. 일반 학급, 통합 학급, 특수학급, 특수학교 중 어디를 가야 할지, 어느 곳이 아이에게 가장 좋을지 입학할 때도 물론 고민했겠지만, 발달 상태가 의심되는 아이, 장애가 있는 아이를 키우는 보호자에게 있어 아이의 배움의 장을 정하는 일은 중대한 결단이 아닐 수 없다.

여기서는 네 가지 학습의 장을 두고 각각의 개요와 특징을 설명한다. 각자의 특징을 비교하면서 아이에게 맞는 배움의 장은 어디인지 검토하는 재료로 활용하기를 바란다.

① 일반 학급

국립, 공립, 사립 초등학교에 있는 일반 학급을 가리킨다. 한 반의 정원이

---

18 한국의 경우는 법제처의 "특수교육기관" 항목을 참고했다. URL: https://www.easylaw.go.kr/CSP/CnpClsMain. laf?popMenu=ov&csmSeq=1208&ccfNo=3&cciNo=1&cnpClsNo=1&search_put=

많아(20명 내외) 다양한 아이들과 접할 수 있다. 다만, 통합 학급이나 특수 학급처럼 충분한 교육적인 지원을 받을 수 없다.

② 통합 학급(통합 학급 지도 교실)

비교적 장애의 정도가 낮은 아이가 일반 학급에 소속되어 아이에게 맞는 소규모 집단, 또는 개별 단위로 지도를 받을 수 있는 학급을 가리킨다. 보통은 일반 학급에 수업을 받다가 통합 학급의 수업 시간에만 통학 학급 지원 교실로 이동하는 방식으로 두 교실을 오간다.

통합 학급에서는 잘 따라가지 못하는 학습 과목, 사회 생활적인 면에서 발생하는 어려움에 맞게 개별 지원을 받을 수 있으므로 비교적 장애나 미숙함의 정도가 낮거나 특정한 일에만 어려움을 겪는 경우에 유효하다. 언어 장애, 자폐증·정서 장애, 약시, 난청, 신체장애, 병약자 및 신체 허약자 등이 해당한다.

③ 특수학급

장애가 있는 아이 한 사람 한 사람에게 맞는 교육을 지원하기 때문에 초중학교에 마련된 장애 종류에 따라 편성된 소수 인원의 학급을 말한다. 소수 인원으로 가르치며(한 학급당 최대 8명) 아이들 각자의 요구에 맞게 교육할 수 있다.

필요에 따라서는 그 아이의 과제와 능력에 가장 잘 맞게 각 학습 과목의 목표 및 내용을 조정하거나, 개별 학습 지원 및 생활 지원을 받을 수 있다. 또한, '교류 및 공동 학습'이라는 명목으로 일반 학급 아이들과 함께 일부 수업이나 점심시간, 학교 행사 등에 참여하는 기회도 마련되어 있다. 지적 장애, 신체장애, 병약 및 신체 허약, 약시, 난청, 언어 장애, 자폐증·정서 장애 등이 해당한다.

④ 특수학교

일본의 특수학교는, 신체적, 정신적으로 장애가 있는 아동이 다니는 학교로 유치부부터 고등부까지가 있다. 2007년 이전에는 '농아 학교', '맹아 학교', '양호 학교'로 나뉘어 있었는데, 학교 교육법의 개정에 따라 제도상으로 장애별로 학교를 나눈 것이 아닌 특수학교로 통합되었다. 한 개의 반에 평균 세 명 정도 있고, 특수학교 교사 대부분은 교원 자격증과 더불어 특수교사 자격증을 갖고 있다. 또한, 원칙적으로 의료 지원은 간호사가 하지만, 보호자의 동의나 의료 관계자에 의한 적절한 관리와 같이 일정한 조건이 갖춰지면 교사가 가래 흡인, 경관 영양(위루, 장루), 자가 도뇨를 보조할 수 있다.

한국의 특수학교는 신체적·정신적·지적 장애 등에 따라 특수교육을 필요로 하는 사람에게 초·중·고에 준하는 교육과 실생활 기술, 사회 적응을 교육한다. 특수학교에 근무하는 특수교육교원은 특수학교 정교사(1급, 2급) 혹은 준교사 자격증이 있어야 한다. 특수학교와 앞서 언급한 특수학급에는 원칙적으로 학생 4명당 1명의 특수교육 담당교사를 배치된다. 필요한 경우에는 지원인력이 제공된다. 별도로 자격증을 요구하지는 않으며 교사의 지시에 따라 학습, 신변처리, 식사, 교내외활동, 등하교 등을 보조한다.

아이의 행복을 바라는 보호자에게 눈앞의 선택지 중 '완벽한 것'을 고르기란 여간 어려운 일이 아니다. 그러나, 아이가 곤란한 상황일수록 아이를 잘 관찰하고 아이에게 무엇이 필요한지를 생각해야 한다. 아이에게 각 학교나 학급의 특징에 대해 설명만 하지 말고 실제로 견학과 체험을 하게 한 뒤 "오늘 간 학교는 어땠어?" 하고 아이 본인의 기분을 확인한다. 의사와 심리 상담사뿐 아니라 평소의 모습을 잘 아는 담임 선생님에게도 물어보거나, 입학할 학교에 같은 고민을 하는 선배 보호자의 경험담을 참고로 해도 좋다.

초등학교에서는 일반 학급에서 지내다가 중학교 입학을 계기로 특수학급에 들어간 아이가 있는가 하면 그 반대의 경우도 있다. 아이가 어떤 환경에서 공부해야 좋을지 가족이나 부모가 적극적으로 의논해 결단을 내려야 한다고 생각한다. 현재 살고 있는 곳에 따라 통합 학급, 특수학급, 특수학교에서 받을 수 있는 지원 내용은 크게 차이가 있다. 본서의 내용을 참고로 하면서 국가 기관이나 학교에 직접 확인하기를 바란다.

일반 학급에 다니는 자신의 아이가 다른 아이들과 다르다는 사실을 깨닫고 당황하는 부모들이 대부분이라 생각된다. 특수학급에 들어간 것을 계기로 개념과 가치관을 바꾸게 된 부모도 있는가 하면, 아이를 일반 학급에 보낸 부모님 중에 평범한 아이들과 똑같지 않다는 사실에 심한 스트레스를 받는 분도 있다. 이는 부모로서 당연히 느낄 수 있는 심정이다.

초등학교에서는 중간에 특수학급으로 옮길 수 있지만, 아이 본인이 싫어할 수도 있다. 일본에서는 특수학교나 특수학급에서는 한 사람 한 사람에 대한 교육이나 지원의 니즈에 맞는 세심한 교육을 위해 '개별 지도 계획'과 '개별 교육 지원 기획'을 세워 실행하고 있다. 일반 학급의 경우는 반드시 계획을 세우는 건 아니지만, 학교와의 상담 내용에 따라 계획을 작성할 수 도 있다. 개별적인 니즈에 맞는 지원을 받기 위해서라도 우선은 지도 계획 이나 지원 계획을 만들어 두는 편이 좋다. 한국에서는 '개별화교육'을 통해 대상자 개인의 능력을 계발할 수 있도록 계획을 수립해 교육하고 있다.

제5장

'대인관계'가
걱정일 때

누군가가 인사를 해도 받아주지 않거나 순서를 기다리지 못해 끼어들기도 하고, 무례한 발언을 하고도 사과하지 않으며 타인에게 지나치게 가까이 다가가기도 한다. 그럴 때마다 당황해 아이를 달래거나 주변 사람들의 시선만 신경 쓰게 되니 부모로서는 무척 곤혹스러울 따름이다. 제5장에서는 이러한 '대인관계'를 주제로 몇 가지 사례를 소개하고자 한다.

사회에는 '암묵적인 룰'이라는 것이 있다. 암묵적인 룰이란 '재채기나 기침을 할 때는 손으로 입을 가린다', '뚱뚱한 사람에게는 체중을 묻지 않는다'와 같이 확실하게 명문화되어 있지 않은 룰이나 규칙을 가리킨다. 하지만, 발달장애나 그레이 존에 있는 아이들은 다른 사람의 기분을 생각하면 알 수 있다고 알려줘도 좀처럼 알아차리지 못한다. 아이가 나이를 먹으면 부모의 잔소리에 "시끄러워!" 하고 반발하는 등 부모의 뜻대로 움직여주지도 않는다. 아직 부모가 통제할 수 있는 유소년기 때부터 조금씩 자신이 다른 사람과 이해하는 포인트가 조금 다르다는 사실을 깨닫게 하고 사회적으로 허용되는 행동을 할 수 있게 해야 한다.

 인사를 건네지 못하는 아이

◆ 인사를 해야 한다는 사실은 아이도 알고 있다

"좋은 아침입니다.", "안녕하세요.", "안녕히 계세요."와 같은 인사는 어린 아이가 건네기엔 다소 용기가 필요한 말이다. 인사를 해야 좋다는 건 알고 있지만, '말을 건넬 타이밍을 모르겠다', '상대에 따라 말투를 바꾸는 게 어렵다', '막상 상대를 마주하면 말이 나오지 않는다', '다른 일에 정신이 팔려 잊어버린다', '집중하면 잊어버린다'와 같은 다양한 이유 때문에 쉽게 건네지 못할 수도 있다.

그러나 적어도 매일 학교에서 마주치는 선생님이나 친구들, 이웃들에게는 인사를 해주길 바라는 것이 부모의 마음이다. 상대가 인사를 건네는데 땅만 쳐다보며 입을 꾹 다무는 아이를 보면 '예의가 없다'라는 생각에 자기도 모르는 사이에 감정적이 될 수도 있지만, 우선은 아이에게 강요하지 않고 부모가 적극적으로 인사를 하는 모습을 보이는 게 가장 좋다. 그런 다음 그림 카드 등을 사용해 집에서 재미있게 인사하는 연습을 한다.

큰 목소리가 아닌 작은 목소리나 고개를 꾸벅 숙이며 인사하는 등 어쨌든 '스스로 인사했다'라는 자세가 보인다면 칭찬해주도록 한다.

"좋은 아침이야.", "안녕하셨어요?"와 같이 시간과 상대에 맞는 적절한 인사말을 아이가 이해하지 못하면 제대로 인사했는지 알 수 없다는 불안감에 선뜻 입을 떼기 어려워한다. 처음에는 자발적으로 말을 건네지 못하더라도 누군가가 "안녕/안녕하세요." 하고 인사했다면 "안녕/안녕하세요" 하고 같이 인사하는 것부터 시작한다. 인사를 받았을 때 상대와 똑같은 말을 건네는 습관을 들이도록 연습한다면 아이가 쉽게 이해할 수 있으리라 생각한다. 아이가 사람들에게 제대로 인사를 건넨다면 잘했다고 칭찬해준다.

대책 1
POINT

인사를 받았을 때는 같은 말을 건네는 것부터 시작하자

카드 앞에는 '아침에 학교에서 선생님을 만난다면?', '학교에서 돌아오는 길에 이웃을 만난다면?'와 같은 상황이 그려 넣고, 뒤에는 '안녕하세요', '학교 다녀왔습니다'와 같은 인사말을 적어둔다. '좋은 아침' → '좋은 아침', '안녕' → '안녕'처럼 앵무새가 따라 하는 것 같은 인사와는 달리 '다녀오겠습니다' → '잘 다녀와', '다녀왔습니다' → '어서 와'와 같은 인사는 각각의 인사말이 정해진 문구처럼 사용되거나 혹은 순서가 뒤바뀔 수도 있다.

연습할 때는 카드 앞의 그림을 보면서 "이럴 땐 뭐라고 말할까?"처럼 게임을 하듯 문제를 내보는 것도 좋다. 상황을 보며 소리 내어 인사하게 해

대책 2

POINT

**앞에는 상황을,
뒤에는 인사말을 적은 그림 카드를 만들어 연습하자**

입에 붙게 만들어야 한다. 실제로 연습 때와 같은 상황에 우연히 맞닥뜨렸을 때, "이럴 땐 뭐라고 하더라?" 하고 자상하게 물어보면 조금씩 스스로 인사하게 될 것이다.

상대가 한 말에 반사적으로 건네는 '인사'와 비슷한 사회기술로 '감사 인사'가 있다. 고마운 기분을 표현하는 방법에는 상황에 따라 다소 차이가 있지만, 누군가 어떠한 일을 해주거나 도와준다면 "고맙습니다." 하고 말하는 행동에는 사과와 같이 '납득'하는 과정이 필요하므로, 연습하면 비교적 쉽게 말할 수 있게 된다고 생각한다.

감사 인사 또한 인사하는 법과 마찬가지로 그림 카드의 앞면을 이용해 연습하면 좋다.

대책3   상대에 맞는 인사 연습하기

친구에게는 "안녕." 하고 말하지만, 선생님에게는 "안녕하세요." 하고 인사하는 등, 상대에 따라 말하는 법이 다르다는 사실을 인지하지 못하는 아이도 있다. 이 또한 그림 카드를 사용하면 좋다. '선생님', '친구'와 같이 그림 카드 앞에 '상대방'을 적고 그 뒤에는 '인사말'을 적는다. 그리고 카드 앞을 보여주며 "아침에 이 사람을 만나면 뭐라고 해야 하지?" 하고 질문한다.

언뜻 보기에 상대방에 따라 다른 인사를 건네는 게 쉬운 듯해도 아이에게 '① 상대가 누군지 인식하기', '② 상대에 맞는 인사말을 생각해내기'라는 두 가지 작업은 복잡한 일이다. 실제 상황에서는 "저기 선생님이 계셔."

대책 3 반말, 존댓말을 구분해 사용하는 법을 익히자

하고 미리 상대를 인식하도록 말을 건넨다. 그러면 아이도 침착하게 인사

말을 떠올릴 수 있을 것이다.

 KEY Point 처음에는 앵무새처럼 따라 하기만 해도 상관없다. 상대방에게 맞는 인사말을
구사하는데 서서히 익숙해질 것이다.

우리 집 꿀팁

- 아이가 "인사하고 싶은데, 말을 꺼내기 힘들어."라고 하기에 "억지로 말하려고 하면 힘드니까 천천히 해도 괜찮아. 〈고마워〉, 〈안녕〉 정도만 말해도 굉장한 일이야." 하고 이야기해주었다. (7세 여아)

- 계속 "인사 해야지!?" 하고 혼냈지만 그다지 효과가 없었고, 이러한 방법 자체에 나 자신도 회의적이었기에 부모가 먼저 인사하는 모습을 보여주기만 하고 강요하지 않았다. 5학년이 된 지금은 자기보다 나이 어린 동생들에게 멋져 보이고 싶은 모양인지 선생님에게는 먼저 인사를 하게 되었다. 이웃들의 경우는 '이 사람에게 인사해도 되는지 아닌지' 잘 모르는 것 같아 아이가 부모와 함께 걷고 있을 때는 되도록 이웃들과 대화를 나누려고 한다. (10세 남아)

2 사과하지 못하는 아이

◆ 사과하지 못하는 데는 이유가 있다

아이들 사이의 문제는 늘 있는 일이지만, 문제가 일어났을 때 자기 잘못인데도 "미안해."라는 사과하지 못할 때가 있다. "사과해!" 하고 혼을 내도 아이가 "싫어!" 하고 반항하거나 변명 같은 걸 늘어놓으면 아무리 부모라도 그만 감정이 폭발할지도 모른다. "뭐가 어쩌고 어째! 네가 잘못했잖아!" 하고 소리치고 싶을 때도 있다. 자신의 아이가 '왜 사과하지 못하는지', '언제쯤 자발적으로 사과하게 될지', 부모로서 불안해하는 게 당연하다.

하지만 다시 생각해 보면 '미안하다'라고 사과하는 행위는, ① 자신의 잘못을 이해하고 인정한다. ② 상대의 기분을 헤아린다. ③ 사과의 기분을 말과 태도로 표현한다. 이러한 순서가 필요하므로 아이에게 어렵게 느껴지는 작업의 연속이다.

아이가 사과하지 않는 건 애초에 자신이 잘못했다고 생각하지 않기 때문일 수 있다. 특성은 물론 자신만의 독특한 생각이나 시점이 있어 '왜 사과해야 하는지' 받아들이거나 이해하지 못하는 것이다.

또는, 자신의 기분을 무시당한 상태에서 사과하는 게 싫을 수도 있다. 상대방의 기분을 헤아리지 못하는 아이는 사과가 왜 중요한지 모르기도 한다. 설사 알고 있다 하더라도 상황 판단이 미숙하면 어느 타이밍에 말을 걸어야 할지 모른다.

나아가, 가족이 아닌 사람 앞에서는 긴장해 말을 제대로 전달하기 어려운 아이도 있다. 이처럼, 사과하지 못하는 이유는 여러 가지로 유추해볼 수 있다.

(대책1) 아이의 말을 끝까지 듣기

학교에서도 친구와 다퉈 그 자리에서 사과해야 하는 상황은 자주 일어난다. 예시로, 자신의 소지품에 집착이 강한 아이라면 도와주려고 지우개를 주워 준 아이에게 "만지지 마!" 하고 일방적으로 소리를 치기도 한다. 그럴 때, 어른이 "지우개가 떨어져 있어서 주워준 거야." 하고 설명한들 흥분한 아이에게 바로 사과를 시키는 건 어렵다고 생각한다. 자신이 왜 사과해

대책 1
POINT

이야기를 끝까지 들어주어
아이의 기분을 진정시키자

야 하는지 이해하거나 받아들이지 못하면 좀처럼 이야기를 들으려 하지 않기 때문이다. 자신만의 시점이나 생각 때문에, 자신의 잘못을 인정하지 못해 왜 사과해야 하는지 받아들이지 못하는 아이도 있다.

어른은 빨리 사과시키고 싶은 마음에 초조해져 아이를 다그치기 쉬운데, 일단은 침착하게 아이의 설명을 끝까지 들어주자. 이야기를 끝까지 듣고 난 뒤, "○○는 다른 친구가 지우개를 만지는 게 싫었구나." 하고 아이의 기분을 대변해 주도록 한다. 그러면 아이의 혼란스러운 기분이 조금씩 정리되며 진정하게 될 것이다. 그런 다음 "순서대로 이야기를 들을 거야. 일단은 친구의 이야기를 끝까지 들어보자. 친구의 이야기를 끝까지 들어보자." 라고 부드럽게 말을 건네며 상대방의 이야기도 듣게 한다. 평등하게 양쪽의 이야기를 들어주고, "그럼 ○○는 어떻게 해줬으면 좋겠어?", "함께 사과하자."라고 이야기한다면 안심하고 사과하는 경우가 많다.

아이가 침착한 상태에서 잘못을 받아들이고 사과하는 방법을 연구해 상대방에게 사과하게 하려면 이 정도 방법이 적당하다고 생각한다. 기억하자, 흥분해서 감정이 격해진 아이는 경위를 제대로 설명하지 못한다. 그 자리에서 바로 사과하지 않는다면 일단 다른 장소로 데리고 가 진정시킨 뒤 상황을 이해시키고 나서 사과하게 한다. 상대방에게는 잠시 기다려 달라고 하는 것도 필요하다.

때로, 아이는 상식에서 벗어난 이상한 변명을 할 수도 있다. 그럴 땐 왜 그렇게 생각했는지 끝까지 들어줘야 한다. 특히, 초등학교 고학년 정도까지는 확실하게 들어주는 일이 중요하다. "무슨 말도 안 되는 소리야!"라고 부정한다면 아이는 입을 다물고 말 것이다. 그러니 우선은 그러한 상황이 벌어진 이유를 처음부터 끝까지 본인이 이야기하게 한다.

이때, 부모가 아이가 가지고 있는 본인만의 시선을 깨닫게 되면 그 변명이나 기분을 이해하게 되어, 아이를 납득시킬 수 있는 실마리를 쉽게 찾을 수 있게 된다. 아이가 자기 생각이 부모와 다른 사람들과는 다르다는 사실을 깨닫게 된다면 그 이후에는 육아로 느끼는 어려움이 크게 바뀔 것이다.

부모도 심호흡하며 진정하기

머릿속으로는 침착하게 아이의 말을 들어주어야 한다는 사실을 알고 있어도, 정작 아이 본인이 전혀 주눅 드는 기색 없이 "왜 내가 나빠!"라는 태도를 보인다면 부모도 화가 나서 그만 감정적으로 대하고 만다. 게다가, 발

달장애나 그레이 존의 아이들 중에는 억지나 변명을 늘어놓는 아이가 꽤 있다. 하지만 부모의 감정이 섞인 꾸지람만 들은 아이는 부모님도 어차피 이해해 주지 않는다며, 자신이 부정당했다고 생각할 수 있다. 원래 '사과'하라는 건 저지른 '사람'이 아닌 '저지른 사실'을 부정하는 것이지만, 감정적으로 혼을 내면 점점 '내가 부정당하고 있다', '내가 혼나고 있다'라고 의식하게 만드는 부작용이 있다.

무턱대고 혼을 내며 사과하게 한들 아이가 자신의 잘못을 받아들이지 못한다면 똑같은 일이 반복될 뿐이다. 아이가 자신의 감정을 억누르며 '이해할 수 없지만, 어쨌든 혼났으니까 사과한다'라는 식으로 받아들이게 되면 나중에 변명하는 버릇이 생길 수 있으니 주의해야 한다. 게다가, 억지로 사과시키고 넘어간다 하더라도 기억력이 좋은 아이는 쭉 기억하고 있다가 "몇 년도 몇월 며칠에 이런 말을 들었다."라는 말을 꺼내기도 한다.

부모는 아무 생각 없이 자신을 기준으로 생각하기 쉽다. 그러나 '나는 이랬으니까'하는 생각은 아이에게 거의 통하지 않는다. 아이의 발언이나 태도에 대해 감정을 실어 혼을 내거나 부정하면 부모도 피곤하다. 오히려 '아이가 생각하는 방법을 깨달았다'라는 전제를 가지고 대하면 아이와의 관계가 좋아지지 않을까?

(대책 2) 자신의 실수를 그림책이나 만화로 이해시키기

아들이 다른 아이를 때렸다는 소리를 듣고는 다짜고짜 사과부터 하러 갔는데 정작 아들은 맞은 아이의 집 앞에서 "멍청이!" 하고 소리 지르고는 도망쳤다는 이야기를 들었다. 이런 사례처럼 잘못을 반복하지 않으려면 실패로부터 자신의 잘못을 깨닫게 하는 일과 상대방에게 사과하는 방법을 가르쳐야 한다. 자신과 타인의 시선이 다르다는 사실을 깨닫게 한 뒤에 납득시키지 않는다면, 아이는 시켜서 억지로 사과했다고 생각하기 쉽다.

아이를 이해시킬 때는 너무 잘잘못을 따지는 것도 바람직하지 않다. 오히려 반항이 심해질 수도 있다. 자신이 '부정당했다'라고 생각이 들지 않는 방법으로 접근해야 한다. 부정적인 요소는 내색하지 않고 한발 물러서 생각해 보자고 제안하면 받아들일지도 모른다. 납득시킬 수 있는 방법은 다양하므로 그 아이에게 맞는 방법을 생각해 보아야 한다. 그 과정을 번거롭다고 생각하지 말고 장기적으로 봤을 때 도움이 될 방법을 찾아보는 일이 중요하다.

대책 2
POINT

등장인물이 솔직하게 사과하는 모습을 보고 상대의 시선이나 기분을 배운다

타인의 입장에 서는 연습

정형발달 아동이라면 반성할 때 다른 사람의 입장을 생각해 보거나, 이상하다고 돌이켜보는 등 다양한 패턴을 생각할 수 있다. 하지만, 발달장애가 있는 아이는 다르다. 처음에 '이걸로 됐다'라고 생각하면 다른 상황에도 이를 대입하거나 다른 사람의 기분을 생각해 보자고 해도 타인의 입장을 이해할 수 없어 모두가 자신과 같은 기분이라고 생각해버리고 마는 특성이 있다. 사과해야 하는 이유 또한 이해 못 했을 가능성이 있다.

상대의 기분을 헤아리지 못하는 아이라면 주인공이 친구와 다투거나 사과하며 화해하는 그림책이나 만화책을 보여주고, 인물의 기분이나 문맥을 생각하면서 부모가 함께 이야기를 나눠보면 좋다. "미안해."라고 했을 때와 말하지 않았을 때 상대방의 기분이나 그 사람과의 관계에 미칠 영향에 대해 함께 생각해 보는 식이다.

나아가, 아이의 실제 경험에 대입해 "친구도 이 고양이처럼 슬퍼하지 않을까?"라고 설명해주면 아이의 이해를 도울 수도 있다. 실제 상황이 발생했을 때 한층 더 이해하기 쉬워질 수 있다. "솔직하게 미안하다고 할 수 있는 일은 굉장한 일이야." 하고 아이가 긍정적으로 받아들이는 것이 중요하다.

대책 3) 사과하는 법을 알려주기

사과의 필요성을 알았다고 해도 타이밍을 잡지 못하거나 말하는 방법을 모를 수도 있다. 우선은 어른이 시범을 보인다. 가족끼리라도 상대방과 눈을 마주치며 사과하는 성실한 태도를 보여야 한다. 또한, 그림 카드를 만들어 자녀와 함께 상황을 재현하며 대사를 연습하는 방법도 추천한다. 카드의 앞면에는 '부딪혔을 때'와 같이 다양한 상황을 표현한 일러스트를 그려 넣고, 뒤에는 '미안해'와 같은 대사를 적어 넣는다.

다만, 연습을 해도 막상 닥치면 혼란스럽거나 긴장해 사과하지 못하기도 한다. 만일 아이가 사과하지 못했다고 의기소침해하면, 사과하려는 자세 자체가 대단하다고 칭찬한다. 그리고 '내일 선생님과 함께 사과한다', '친구에게 편지를 쓴다'와 같은 방법도 있으니 나중에 사과해도 괜찮다고 알려주면 아이도 안심한다. 말로 사과하지 못하는 아이에게는 대사가 적힌 카드를 준비해 두고 필요한 때에 꺼내 들 수 있도록 하는 것도 좋다. 선생님이

대책 3 상황을 가정해 부모와 자녀가 함께 사과하는 연습을 하자. 제대로 사과했다면 칭찬해준다.

반 친구들에게 미리 잘 설명해두면 금상첨화다.

발달장애의 경향이 있는 아이들은 앞으로도 다른 사람과 문제를 일으킬 일이 많다. 그때마다 자신을 계속 질책하는 것도, 상대를 계속 공격하는 것도 좋지 않다. 냉정하게 반성하고 사과할 수 있도록 어른이 도와주어야 한다.

 사과하는 경험을 쌓는 사이에 자연스럽게 사과해야겠다는 생각을 하게 될 것이다.

우리 집 꿀팁

- 혼을 내거나 지적하면 경직되는 성격이다. 사과하지도 못해서 반성하지 않는다고 오해받는 일이 많다. 밖에서 다른 사람에게 피해를 줬을 때도 도무지 사과하지 않으니 상대방이 폭발하기도 했었다(나는 부모로서 당연히 사과함). (6세 남아)

- 변덕스럽고 깜빡하는 버릇이 심해 약속을 어기거나 자기가 먼저 놀자고 했으면서 금세 다른 친구와 놀러 가기도 하고, 한 가지 놀이에 집중하지 못하거나 해서 친구들로부터 신뢰를 잃은 듯하다. 기질은 변하지 않으니 친구와 한 약속은 중간에 바꾸지 않기. 의견이 쉽게 변했다는 걸 깨달았다면 쉽게 마음을 바꿔서 미안하다고 말하기, 잊어버렸다는 사실을 깨달았다면 잊어버려서 미안하다는 말로 사과하게끔 시킨다. (7세 여아)

자기 말만 하거나 다른 사람의 대화에 갑자기 끼어드는 아이

◆ 상황을 이해하지 못해 충동적으로 말하는 것일 수도 있다

이야기할 때, 자기 말만 하거나 폭주하는 아이가 있다. 주변이 곤혹스러워하거나 화를 내도 개의치 않는다. 상대방의 말을 끊고 이야기를 시작하기도 한다. 또한, 관심 있는 주제가 들리면, 충동적으로 다른 사람의 대화에 끼어드는 일도 있다.

자기 말만 하는 이유는 자기가 좋아하는 일만 나오면 푹 빠져 주변 분위기를 파악하지 못하거나 상대의 기분을 헤아리지 못하기 때문일지도 모른다. 지금 상대방이 이야기하고 있는 상황을 깨닫지 못하기 때문에 '지금 내

머릿속에 떠오른 것을 이야기하기'만을 우선시하고 만다. 또한, 상대의 이야기에 어떻게 반응해야 좋을지 모르거나 맞장구칠 타이밍을 놓치게 되면 입을 다물어 버리니 상대방에게 불신감을 안겨줄지도 모른다.

대책 1) 적당한 때에 질문하기

아이의 이야기가 끊기질 않는다면 일단은 그 흐름을 파악할 때까지 들어 준다. 그리고 이야기가 일단락되거나, 화제가 바뀔 때 곧바로 물어봐도 되냐고 말하거나 질문이 있다는 식으로 이야기에 끼어든다. 아이가 괜찮다고 허락한다면, "○○는 집에 갔어?"와 같이 그렇다, 아니다로 대답할 수 있는 질문을 던진다. 아이의 대답을 들은 뒤 곧바로 "그렇구나!" 하고 맞장구를 치고 이유를 묻는다.

이야기가 조금이라도 짧아질 수 있도록 타이밍을 잘 노려 질문하는 것도 방법이다. 학교 친구들의 이야기에 잘 끼어드는 아이에게는 선생님이 중간에 "지금 친구가 무슨 이야기를 하고 있을까?" 하고 말을 걸어준다면 본인도 자각할 수 있게 될 것이다.

다만, 가끔은 좋아하는 것에 대해 마음껏 이야기할 수 있는 시간을 가져야 한다. 학교에서 참은 만큼 집에서 발산하고 싶어질 수도 있다. 시간이 허락한다면 아이의 이야기를 들어주도록 하자. 시간이 없어 이야기를 끝까지들을 수 없다면, "나중에."라는 말 대신 "설거지가 끝나면 이야기할까?", "8시쯤에 이야기해줘."와 같이 구체적으로 제안하는 방법도 있다.

대책 1
POINT
바빠서 이야기를 들어줄 수 없을 때는 충분히 이야기 할 수 있는 시간을 구체적으로 제시하자

대책 2 자연스러운 대화 연습

'공을 가진 사람이 이야기하기(공이 없는 사람은 이야기 듣기)'와 같은 규칙을 정해서 이야기하는 순서에 익숙해지는 게임을 한다. "엄마가 공을 가졌으니 이야기할게. 이야기가 끝나면 공을 던질 거야. ○○는 볼을 받으면 이야기하자." 이와 같은 규칙을 전달한다.

이야기의 주제는 '오늘은 비가 내린다'와 같이 아이가 관심을 보이지 않을 법한 간단한 것이 좋다. 아이가 좋아하는 주제로 이야기하면 자기 말만 하기 시작하므로, 일부러 흥미가 없는 화제를 고른다. 어른이 공을 가지고

대책 2
POINT
상대의 이야기가 끝날 때까지 '기다린다'. 끝까지 기다렸다면 칭찬하자

있는데 아이가 입을 열려고 할 때는 공을 보여주며 다른 사람이 이야기하는 중이라는 신호를 보낸다. 다른 사람이 이야기하는 동안 끝까지 기다렸다면 잘했다고 칭찬한다. 규칙에 익숙해졌다면, 조금씩 길게 이야기하거나 이야기에 질문하면서 변화를 준다.

대책 3) 대화에 참여하는 방법 연습

어떤 아이는 친구들끼리의 대화에 갑자기 끼어든다. 친구에게서 한소리를 듣기도 한다는 말을 들으면 아무래도 부모는 걱정되기 마련이다. 부부

대책 3
POINT
**평소에 연습을 반복해
'대화에 참여하는' 요령을 익히게 한다**

가 대화하거나 선생님 등 다른 어른들이 이야기할 때도 "저기, 저기, 잠깐만! 내 이야기를 들어줘!"라며 끼어들기도 해서 다른 사람의 이야기는 함부로 끊으면 안 된다고 몇 번이나 주의를 줘도 좀처럼 듣지 않는다고 한다.

그 이유는 아마도 이야기에 참여하는 방법을 모르기 때문이라고 생각된다. 가족끼리 "이야기해도 돼?" 하고 말한 뒤 대화에 참여하는 상황극을 해보면 어떨까? 부모의 대화에 어떻게 끼어들지 연습을 하는 사이, 다른 사람의 대화에 끼어드는 적절한 타이밍을 알게 될 가능성이 높아진다.

 상대방과의 대화를 즐기면서 이야기를 나눌 수 있도록 훈련한다.

우리 집 꿀팁

- 말을 걸어도 대답하지 않으니 사람의 말을 듣고 있지 않다는 느낌을 받을 때가 있다. 내 질문에는 대답하지 않고, 자기가 하고 싶은 말만 쭉 늘어놓거나 해서 대화를 하는 데 어려움이 있다. 이야기를 들어주길 바랄 때, 마주 보고 싶을 때는 "이야기를 들어봐." 하고 말을 건 뒤 이야기한다. (7세 남아)

- 일방적으로 자신의 관심 분야를 계속 이야기한다. 그래서 내가 몇 가지 질문을 던지면서 대화다운 대화가 되도록 노력 중이다. (11세 남아)

- 요점만 이야기하는 걸 어려워한다. 그래서 5W1H를 생각하면서 이야기하게 한다. 빠진 부분이 있다면 그 자리에서 질문해 보충하게 한다. (10세 남아)

- 가족끼리의 대화에 전혀 상관없는 이야기를 하며 끼어든다. 질문에 대답하게 하거나, 지금은 다른 이야기를 하고 있으니 순서를 기다렸다가 이야기하라고 설명하면 불만이 가득한 얼굴이지만 그래도 기다린다. (7세 여아)

- 다른 사람이 이야기하고 있어도 자신의 페이스대로 이야기하고 싶을 때 끼어들어 말을 늘어놓는다. 진정하라고 하거나, 지금은 듣는 시간이니 다 끝나면 이야기하라거나, 지금 ○○와 이야기하는 중이라고 말한 뒤 기다리게 한다. (7세 남아)

4 의견이나 감정을 표현하기 어려워하는 아이

◆ 어떻게 말해야 할지 모르거나, 자신이 없는 걸 수도 있다

선생님의 지시를 이해하지 못하거나 준비물을 두고 와 당황하는 등, 학교에서 아이들은 곤란한 상황에 쉽게 노출된다. 그럴 때, '모르겠다'라는 의사 표현만으로도 다른 사람과 원활하게 의사소통할 수 있으니 본인도 마음이 편안해진다.

D군은 항상 조용하고 자신의 의견을 잘 밝히지 않는데, 수업 중에 선생님이 질문해도 '잘 모르겠다'라며 입을 다문다. 반에서 이야기를 나눌 때나 쉬는 시간에 친구들이 그에게 의견을 물어봐도 퉁명스럽게 모른다고 대답

하거나 입을 꾹 다물어 버린다. 가끔 "공책……."과 같이 필요한 말만 툭 던질 뿐이다. 선생님이 신경 써서 "공책이 왜? 잃어버렸니?" 하고 물어봐도 고개를 끄덕이기만 한다. 친구들도 이젠 익숙해져서 D군이 갑자기 "이거……." 하고 말하며 연필을 내밀거나 하면 주워줘서 고맙다는 말만 건넨다.

선생님이나 친구들은 이런 D군의 태도를 보며 자기 의견이 없는 사람이라거나 대답하기 귀찮아한다거나, 또는 친구들이랑 얘기하기 싫어하는 것 같다며 부정적으로 받아들이고 있다. 하지만, D군이 결코 아무 생각도 없는 건 아니다. 그저 긴 질문이나 짧게 대답할 수 없는 복잡한 질문을 받으면 이해하지 못하는 걸지도 모른다. 혹은, 질문의 의도를 파악했다 하더라도 자기 의견에 자신이 없거나, 생각한 바를 어떻게 말로 표현해야 좋을지 모를 수도 있다.

너무 불안한 나머지 자기 기분을 말로 표현하기 어려워하는 아이들도 있다. 집에서 가족들과는 이야기를 잘 하다가도 학교에서는 입을 잘 열지 못하는 선택적 함묵증 증상을 보이기도 한다. 아이의 상태에 맞게 무리하지 않고 표현할 수 있도록 스몰 스텝으로 접근해 도와야 한다.

(대책1) 힘든 일 표현하기

곤란할 때는 누구에게 어떻게 이야기하면 좋은지 본인의 능력에 맞게 구체화시키면 좋다. 예를 들어, 수업할 때는 손을 들거나 선생님을 부르고, 쉬는 시간이나 몸이 안 좋을 때는 양호실에 가서 양호교사에게 말을 하는 등

대책 1
직접 말할 수 없을 때는
그림 카드를 사용해 의사 표현하자

의 방법을 아이와 논의해 구체적으로 정한다.

아이에 따라서는 불안한 상황 그 자체를 구체화하면 좋을 수도 있다. '수업 중에 선생님 말씀이 이해가 안 될 때', '준비물을 잊어버렸을 때', '화장실에 가고 싶을 때', '친구가 어떤 말을 했을 때' 등, 자주 마주치는 곤란한 상황에서 해야 할 말이나 해야 할 일을 구체적으로 정해주면 안심할 것이다.

제5장 '대인관계'가 걱정일 때

197

"오늘은 학교 어땠어?" 이런 질문에는 대답하지 않아도 "학교 재미있었어?"와 같이 그렇다, 아니다로 대답할 수 있는 질문이라면 대답하기 수월해진다.

"체육 수업이 재미있었니? 아니면 산수?" 이처럼 대답을 선택할 수 있는 질문도 좋다. 그러니 되도록 일문일답을 할 수 있는 간단한 질문을 던진다. 이러한 대화 패턴에 익숙해졌다면 '오늘 하루는 어땠는지'와 같은 추상적인 질문을 해본다. 아이가 대답하기 전에 "엄마는 아침에 이불을 널어놓고 시장에 갔어. 돌아오는 길에 ○○를 만나서 수다를 떨었는데, 즐거웠단다."

대책 2
POINT
**그렇다, 아니다,
또는 선택지가 있는 질문이 대답하기 쉽다**

와 같이 예시를 제시한 뒤, "○○는 어땠는지 들어볼까?" 하고 묻는다면 아이 또한 대답을 쉽게 떠올릴 수 있다.

(대책3) 생각해서 대답하는 즐거움을 알게 하기

수수께끼나 퀴즈를 풀면서 '스스로 생각해 대답하는 일'에 대한 동기를 부여해 상대의 질문에 집중하는 습관을 들이게 해야 한다.

아이의 나이와 이해도에 맞춰 "선생님 이름은?"과 같은 퀴즈나 수수께끼를 낸다. 아이가 자신 있게 대답할 수 있는 질문을 고르거나 생각하는 게

대책 3
POINT
아이가 즐겁게 대답할 수 있도록 질문하는 법이나 반응을 궁리하자

즐거워지는 방법을 연구하면 좋다. "오늘 간식은 감자칩이랑 도넛 중 뭘 먹을래?" 하고 물어보거나, 그림 카드를 빠르게 섞으면서 "이 동물은 뭘까?" 하고 물어보는 것도 좋은 방법이다. 아이가 대답하면 "정답!" 하고 큰 소리로 말해준다.

아이가 자기 나름대로 의견을 전달했다면 "좋은 생각인데? 알려줘서 고마워!"와 같이, 확실하게 칭찬해준다. 자신의 대답에 자신 없어 한다면 "자신은 없지만……", "대답하기 어렵지만……"와 같은 말을 먼저 해도 된다고 알려준다. 답을 모를 때는 퉁명스럽게 모른다고 대답하거나 입을 꾹 다물지 말고 "어려워.", "잘 모르겠으니 힌트를 알려줘.", "미안, 지금은 잘 모르겠어."와 같이 표현해보라고 알려준다.

 아이가 자신 있게 대답할 수 있도록 애매하거나 할 수 있는 대답의 종류가 많은 질문이 아닌, 간결하게 대답할 수 있는 질문을 해야 한다.

우리 집 꿀팁

- 학교에서 곤란한 일을 겪었을 때 자신의 기분을 잘 전달하지 못해 학교에 가기 싫다고 했다. 그래서 처음에 한동안은 엄마가 함께 등교해 선생님에게 아이의 기분을 대신 전했다. 그리고 나서는 '알림장'에 자신의 기분을 적게 했다. 그 후, 곤란한 일을 겪었을 때 선생님에게 제출하는 '상담 카드'를 만들어 필요할 때마다 자신의 기분을 알릴 수 있도록 사용하고 있다. (11세 남아)

- 자신의 기분을 알렸을 때 상대방이 보일 반응을 무서워해, 어떤 기분인지 말하지 못하는 듯하다. 그래서 집에서는 아이의 말에 이러쿵저러쿵 토를 달지 않고 우선은 받아들이도록 노력 중이다. (10세 남아)

- 친구와 하고 싶은 일이 다를 때 의견을 제대로 조율하지 못해 자신이 항상 지고 들어가는 패턴을 반복하는 듯하다. 그 결과, 자신은 항상 양보하는데 친구는 내 기분을 알아준 적이 한 번도 없다고 부모에게 불만을 토로하며 짜증을 냈다. 상황을 해결하고자 우선 친구에게 자신의 기분을 말한 다음 가위바위보나 뽑기를 제안하거나 하고 싶지 않으면 하지 않아도 된다고 알려주었고, 상황에 따라 전달하는 방법 등을 집에서 연습시킨 뒤 학교에 보냈다. (6세 남아)

- 자신을 드러내지 못해 학교에서 친구를 사귀지 못하고 외로워한다. 적어도 학교 밖에서만큼은 즐겁게 친구를 사귈 수 있도록 친구들과 노는 약속을 자주 잡으려고 한다. (11세 남아)

5 상대의 기분을 헤아리지 못하고 쓸데없는 말을 하는 아이

◆ "사실을 말하는 게 왜 나빠?"

한 초등학교에서 4학년 여학생 몇 명이 하굣길에 이야기를 나누다가, "○○는 발이 크네!"라는 이야기가 나왔다. 저 아이는 얼굴이 작고, 저 아이는 피부가 하얗고, 와 같은 이야기를 한창 하는데 갑자기 A가 눈앞에 있는 B에게 "B는 왕 엉덩이야!" 하고 말해버렸다. 분위기는 순식간에 얼어붙었고, B는 울면서 집으로 뛰어갔다. 다른 친구들이 B가 화난 것 같다고 말했지만, A는 B를 이해하지 못한다. '다들 외모에 대해 이야기하니까 B의 특징을 말했을 뿐인데, 왜 화를 내지?' 하고 생각할 뿐이다.

생각을 그대로 입 밖으로 꺼내는 바람에 상대를 상처입히거나 화내게 하는 아이도 있다. "○○는 달리기가 느리지?", "왜 이런 문제도 못 풀어?", "이게 뭐야, 완전 엉터리!", "안 어울려." 이처럼 어린아이라면 용서받을만한 말도 초등학생, 하물며 고등학생이 한다면 친구들이나 주변 사람들이 싫어한다. 하지만 당사자는 그저 상대의 기분을 헤아릴 줄 모르는 것뿐, 악의는 전혀 없다. 그래서 왜 그런 말을 하나며 상대방이 화를 내도 이해하지를 못한다. '입 밖으로 꺼내도 될 말과 안 될 말이 있다'라는 암묵적인 룰을 모르는 것이다.

대책1) '부적절한 발언'은 바로 알려주기

아이가 저도 모르게 실례되는 말을 했어도 표정이나 상황을 통해 상대의 기분을 헤아릴 수 없으므로, 그저 욱하거나 입을 꾹 다문다 한들 기분은 전달되지 않는다. '해서는 안 될 말'이라고 알고 있어도 충동적으로 말해 버릴 때도 있다. 그럴 땐 상처 주려는 의도가 없다는 걸 안다며 아이를 부드럽게 타이를 줄 알아야 한다. '그런 말은 하면 안 된다'라는 점과 그 이유를 구체적이고 확실하게 그 자리에서 전달해야 한다. 그런 점에서 가족은 아이가 상대방을 상처 주거나 화나게 하는 말을 했을 때, 그 말은 ○○한 기분을 느낄 수 있어서 싫다, 하지 마라, 하고 확실하게 전달할 수 있다.

또한, 가족끼리 이야기를 나누며 '들으면 기분 나쁜 말'을 종이에 적는 방법도 있다. 그러면 어떠한 말이 사람에게 상처를 주는지 차츰 알게 될 것이

대책 1
POINT

**들으면 기분 나쁜 말을
가족들 사이에서 공유하자**

다. 학교에서는 선생님이 중재자가 되어 이 방법을 써볼 수는 없는지 논의
해도 좋을 것 같다.

대책 2 상대방의 표정이나 기분을 살피는 연습

다른 사람의 기분이나 감정을 읽는 게 서툰 아이에게는 아무리 상대방의
입장이 되어보라고 말한들 소용이 없다. 이를 해결하기 위해 우선은 가족
과 함께 상대방의 표정이나 기분을 알아채는 연습을 한다. '웃는 얼굴', '슬
픈 얼굴', '화난 얼굴', '괴로운 얼굴'을 그린 그림이나 사진 등을 준비하고,
"이 표정은 어떤 기분일까?" 하고 묻는다. "기쁜 것!", "슬픈 것!"과 같이 퀴

대책 2
POINT
**'상대방의 기분' 카드를 만들어
표정을 보고 기분을 유추하게 하자**

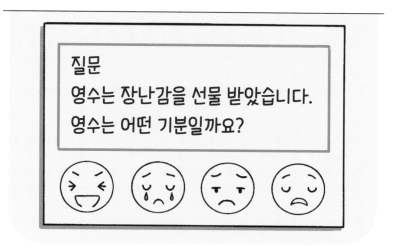

즈에 답하는 사이에 표정을 보면서 상대방의 기분을 유추할 수 있는 힘을 기르게 된다. 아이가 답하지 못할 때는 "이 사람은 지금 기쁜 거야." 하고 부모가 대신 설명해도 좋다.

표정으로 상대의 기분을 알아챌 수 있게 되면, 이번에는 상황을 통해 상대의 기분을 유추하는 연습을 한다. '지하철에 앉아 있는데, 임산부가 탔다', '길에서 할머니와 부딪혔다'와 같은 그림을 보여주며 "이때, 임산부(할머니)는 어떤 기분일까?" 하고 묻는다. 또한, 그 상황에서 어떤 말을 건네야 할지 아이와 함께 생각해 본다.

　　부주의한 발언을 하지 않으려면 자신의 행동을 돌아보는 경험도 필요하다. 그러나, 아이가 스스로 반성하기란 무척 어려운 일이다.

　　아이가 학교에서 남에게 상처 주는 말을 했다면, 일단 학교 선생님에게 어떤 상황이었는지를 확인한다. 그러고 나서 아이의 말을 들어야 한다. 아이의 설명을 들으며 그 상황을 간략하게 그림으로 나타낸다. 그림을 보면서 "이때 뭐라고 말했지?" 하고 물으며 "상대방은 어떤 표정이었어?"라는 질문도 함께 던진다. 슬퍼하는 것 같았다고 대답한다면 그에 맞는 표정을 그린다.

대책 3
POINT
그림을 보면서 '자신의 말 때문에 상대방이 상처받았다'라는 사실을 자각시키자

아이가 모르겠다고 대답했다면 "슬픈 것 같아? 기쁜 것 같아?" 하고 선택지를 제시한다. 상대방의 기분을 이해했다면 "다음에 같은 일이 일어나면 뭐라고 말해야 하지?" 하고 묻고, 아이와 함께 대답을 생각한다.

심한 말을 했다고 깨달았을 때 나중에라도 사과할 수 있게 된다면 좋을 것이다.

 '해서는 안 될 말'과 같은 암묵적인 룰은 '가시화'해서 이해할 수 있게 도와준다.

우리 집 꿀팁

- 좋은 일이든 나쁜 일이든 생각이 그대로 얼굴에 드러나는데, 말로도 표현해 버린다. 상대방과 자기의 입장을 바꿔보면 어떤 기분일지 끈기 있게 생각하게 하고 자기 자신이 똑같은 일을 당했다면 어떨지 이야기를 나누어 보았다. 마음속으로는 어떤 생각을 하든 자유지만, 이를 말로 표현하는 건 위험하다고 주의를 주고 있다. (11세 남아)

- 만화를 함께 읽으며 표정을 보고 감정을 알아맞히거나, 보드게임을 하면서 다른 사람의 기분을 대변하는 연습을 하고 있다. (8세 남아)

- 드라마나 영화를 보면서 등장인물의 생각을 설명하게 한다. (9세 남아)

- 상대방이 왜 화가 났는지를 모르는 듯해 상대방의 기분을 대신 표현해주었다. 그러자, "그런 기분이었구나, 나였다면 기분 나빴을 거야." 하고 이해하게 되었다. (8세 남아)

사례

6 다른 사람과 협동하는 일이 어려운 아이

◆ 구체적으로 '협동'이 무엇인지 모르는 듯하다

집이나 어린이집, 유치원 등에서는 자기가 하고 싶은 일을 어느 정도 우선시할 수 있지만, 초등학교는 반 친구나 다른 반 아이들과의 협동이 먼저다. 반에서 조를 짜서 토론하거나, 학급 활동을 하거나, 급식 당번을 맡아 협력하기도 하고 다 같이 청소를 하는 일 등을 예로 들 수 있다.

이럴 때, 토론에 전혀 참여하지 않고 의견을 물어도 입을 다물거나 주변 일이나 청소를 하지 않고 자기 하고 싶은 일만 하는 아이가 있다. 이런 아이는 '의견을 말하지 않으니 마음대로 해도 뭐라 하지 않겠지'라고 오해받

거나, 주변 사람들로부터 비협조적인 아이로 여겨져 친구들이 끼워주지 않을지도 모른다. 그러면, 당사자는 더욱 고립되고 만다. 반대로, 자신의 의견만 밀어붙이고 주변 의견은 무시하거나, 자기만의 규칙을 주변 친구들에게 강요하는 아이도 있다. 나아가, 이러한 집단생활 속 다툼을 피곤해하거나 애초에 다 같이 무언가 하는 걸 어려워하는 아이라면 학교생활 자체가 괴로울 수 있다.

자신의 아이가 반 친구들과 어울리지 못하는 걸 알게 되면, 부모는 당연히 걱정한다. 그러나, 인원이 많은 건 힘들어해도 적은 인원끼리는 협력하기도 하고, 활동의 내용이나 상대방에 따라 협동하거나 할 일이 구체적으로 제시하면 해내는 등, 아이에 따라 '할 수 있는 일'은 제각각이다. 이러한 사실을 염두에 두고, 친구들과 함께 무언가를 해내면 크게 칭찬해주며 아이가 자신감을 갖고 '할 수 있는 일'을 조금씩 늘리도록 해야 한다. 혼자가 아니라 다른 친구들과 함께 하는 작업을 통해 힘을 합쳐 달성했을 때의 기쁨이나 함께 느낄 수 있는 즐거움을 경험시키는 것이 좋다.

(대책 1) 활동 내용을 가시화하기

구체적으로 언제 무엇을 하면 좋은지 잘 모르는 아이도 있다. 주번 활동처럼 매주, 매일 할 일이 정해져 있다면, 그 내용을 눈으로 볼 수 있게 해야 아이도 참여하기 수월해질 것이다. '매주, 화요일과 금요일 점심시간에는 ○○ 하기', 'XX, △△'와 같이 누구와 같이 하는지도 함께 적으면 파악하기 쉽다.

대책 1
POINT
뭘 해야 할지
구체적으로 가시화하자

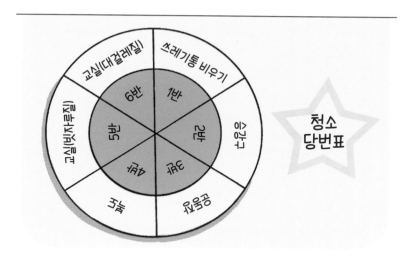

위 그림처럼 원그래프 모양의 당번표를 만들고, 회전시켜가며 순서대로 당번을 바꾸는 방법도 있다.

대책 2 대화의 규칙 알려주기

집에서도 대화에 익숙해지도록 연습시킨다. 가족이라면 아이들도 자신의 의견을 편하게 말할지도 모른다. 처음에는 대화의 규칙을 종이에 적고 아이와 확인한다. 아래 그림처럼 항목별 내용과 함께 말하는 방법도 구체적으로 적으면 알기 쉽다.

대책 2
POINT
규칙을 정해 이를 지키면서 가족끼리 이야기하는 연습을 하자

[대화의 규칙]

① 자신의 의견을 말할 때
'내 생각은~다',
'~가 좋다고 생각한다'

② 이유를 말할 때
'~이기 때문이다'

③ 다른 사람의 의견도 듣기
'어떻게 생각해?'

④ 의견 적기
A: 'XX'
B: 'ㅇㅇ'

⑤ 의견의 '장점'과 '단점' 적기
'XX' (장점), (단점)
'ㅇㅇ' (장점), (단점)

⑥ 투표하기
'XX' 1표
'ㅇㅇ' 2표

⑦ 정해진 일에 토달지 않기
'ㅇㅇ'로 결정

규칙을 미리 정해놓으면 자기만의 규칙에 집착하는 일을 예방할 수 있다. 난폭한 말투도 규칙을 의식하는 사이에 정중하게 바뀌게 될 것이다.

가족끼리 이 종이를 보면서 이야기를 나누어도 좋다. 대화의 주제는 '다음 여행지', '오늘 저녁 메뉴' 등 일상적인 것이 좋다.

아이에게는 자기 의견이 반드시 관철되지는 않는다고 미리 얘기해두되, 아이가 원하는 바를 염두에 두고 대화해야 한다. 마지막으로 아이가 대화에 참여했다면 칭찬을 잊어서는 안 된다.

학교에서 대화할 때는 이와 같은 규칙이 반드시 통한다는 보장은 없다. 그러니 앞서 소개한 종이를 선생님이 참고할 수 있도록 전달하도록 한다.

사람과의 상호작용이나 집단행동이 어려운 아이의 경우, 학급 활동이나 주번을 조금씩 할 수 있게 되어도 부탁받은 일을 거절하지 못하고 받아들여 피곤해지고 만다. 그러므로 거절하는 방법을 배우거나 연습하는 일도 필요하다.

유독 거절을 부담스럽게 생각한다면 선생님과 상담해 학교에 마음을 진정시킬 수 있는 장소를 마련하자. 아이에게 학교에서 편히 지낼 수 있는 곳이 어딘지 물은 뒤 종이에 적는다. 화장실이나 양호실, 자습실이나 도서실을 말하는 아이도 있을 것이다. 짜증이 나거나 마음이 진정되지 않아 자신

대책 3
POINT

**몸을 피할 장소를 정한 뒤
선생님의 허락을 받고 이동하도록 하자**

제5장 '대인관계'가 걱정일 때

을 컨트롤할 수 없게 된다면 이와 같은 장소에 가도록 아이와 같이 정하고 선생님께도 전달한다. 다만, 수업 중에는 마음대로 움직이면 주변 친구들이 걱정할 수 있으니 가고 싶을 때는 반드시 선생님께 허락을 받은 뒤 움직이도록 정해야 한다.

아이가 학교에서 어떨 때 힘들어하는지를 아이와 선생님에게 자주 확인하도록 한다.

 학급 활동의 내용이나 대화의 규칙을 명확하게 정해 연습한다. 거절하는 방법을 알려주거나, 휴식을 취하는 일도 중요하다.

우리 집 꿀팁

- 집단행동을 어려워하고 금세 피곤해하기 때문에 마음을 진정시킬 수 있는 장소나 시간을 별도로 허락받았다. (10세 남아)

- 지나치게 몰입하거나, 또는 멍하니 있어 상대방의 이야기에 전혀 귀 기울이지 않는 일이 있다. 일단 시선은 상대방을 향해있어 이야기를 듣고 있다고 생각하기에 문제가 생기기도 한다. 아이 본인은 저도 모르는 사이에 이야기의 주제가 바뀌어 있어서 자주 어리둥절해하지만, 차근차근 설명해주면 이야기의 흐름을 따라온다. 아이는 항상 주변을 보고 관찰하며 행동하고 있다고 이야기한다. 그래서 "못 들었는데, 한 번 더 알려줘."와 같은 구체적인 대사 등, 대응책을 함께 생각하고 있다. (7세 여아)

7 순서를 기다리지 못하는 아이

◆ 주변의 상황을 잘 살피지 못하고 자기 기분만 우선이다

급식을 먹을 때나 숙제를 제출할 때는 다 같이 줄을 서서 순서를 기다려야 하는데, 그 사이를 끼어들거나 아무렇지도 않게 제일 앞에 서는 아이가 있다. 주변을 잘 살피지 못하는 아이라면 다음 할 일만 생각한 나머지 애초에 줄을 서 있다는 사실을 깨닫지 못했거나 어느 줄에 서야 하는지를 몰랐을 것이다. 첫 번째에 집착하는 경향이 강한 경우에도 항상 제일 앞에 서려고 한다. '갖고 싶다', '하고 싶다'와 같은 생각에 사로잡힌 나머지 주변 상황은 무시하고 충동적으로 새치기할 때도 있다.

아이가 순서를 무시하는 원인을 파악하고 대책을 마련해 집에서 조금씩 규칙을 지킬 수 있는 연습을 하도록 해야 한다.

(대책 1) 알기 쉽게 줄 세우기

기분이 앞서 다른 아이들이 줄을 서고 있다는 사실을 눈치채지 못하는 아이에게는 줄을 서기 전에 이동할 때의 규칙을 확인한다. "지금부터 수영장으로 이동할 거예요." → "이동할 때의 규칙은 뭐죠?" → "① 줄을 선다, ② 조용히 걷는다, 입니다."

대책 1

POINT

**줄을 서는 곳에 테이프를 붙이고
그 위에 서자**

줄을 서도 금세 집중력이 흐트러져 대열에서 이탈하거나 줄을 서는 방법을 몰라 줄을 엉망이 된다면, 바닥의 타일 등을 기준으로 '이 선 안쪽으로 줄 서기'와 같은 방법을 알려준다. 학교에서는 눈으로 파악할 수 있도록 바닥에 직선으로 테이프를 붙여놓기도 한다. 테이프가 붙여져 있지 않다면, 바닥의 이음매나 타일의 라인을 기준으로 삼아도 좋다.

대책 2 자신의 순서를 예측하기

집단 게임 등에서 바로 끼어들거나 일등을 고집한다면 집에서 카드 게임이나 보드게임으로 연습하는 방법이 있다. 순서대로 카드를 내거나 주사위

대책 2
POINT

**순서를 파악하기 쉽도록
기준이 되는 아이템을 사용하자**

를 던지는 게임을 하면서, 기다리면 반드시 자기 차례가 온다는 사실이나 앞으로 얼마나 기다려야 하는지 등을 조금씩 깨닫게 하는 것이다.

플레이하는 사람 앞에 인형 등의 표식을 놓아두고 플레이가 끝난 뒤 다음 차례인 사람 앞으로 옮기면 순서를 더 알기 쉬워진다. 또는 '첫 번째', '두 번째' 등과 같이 적힌 종이를 각자 몸에 붙여 두는 것도 좋은 방법이다.

(대책3) 대기 시간에 할 일 만들기

의료 기관 등의 대기실에서 기다리지 못하는 경우는 그 시간 동안 즐길

대책 3
**학교 행사에 출전하지 않을 때
할 수 있는 역할을 몇 가지 부여하자**

수 있는 게임이나 그림 그리기 책, 퀴즈 등 기다릴 때 사용할 물건을 가져 가면 좋다.

학교 행사 등에서 얌전히 앉아 있지 못하는 아이에게는 '역할'을 마련해 준다. 득점 기록 담당이나 호출 담당 등, 본인의 특성에 맞는 역할을 부여해 선생님과 함께 수행하면 할 일이 명확해지고 성취감을 쉽게 얻을 수 있다.

 아무것도 하지 않고 기다리는 시간은 길고 지루하다. 기다리는 동안 '할 일'을 만들어 준다.

제5장 '대인관계'가 걱정일 때

219

우리 집 꿀팁

- 줄을 설 때 제일 앞에 서고 싶어 하거나 순서를 기다리지 못했다. 그래서, 줄을 설 때 사람이 서 있는 위치에 동그라미를 치고 그 안에 서게 한 다음, 앞사람이 빠지면 순서대로 앞으로 이동한다는 규칙을 알려주며 이를 지키도록 했다. 또한, 줄을 기다리는 동안 재미있는 이야기를 나누며 줄의 순서 이외의 것으로 주의를 돌리거나 함께 손을 잡고 순서를 기다리는 연습을 했다. 그러다 보니 어느 정도는 순서를 기다릴 수 있게 되었다. (6세 남아)

8 사람과의 적절한 거리를 인지 못하거나 스킨십이 과도한 아이

◆ '좋아한다'를 다르게 표현하는 방법을 모를 수도 있다

초등학교 고학년이 되어도 선생님에게 안아달라고 하거나 무릎 위에 앉으려 하고, 친구들을 껴안거나 다른 사람에게 달라붙으려고 하는 아이도 있다. 사람을 잘 따른다고도 할 수 있겠지만, 나이대에 맞지 않는 과도한 신체 접촉은 주변 사람들에게 불쾌감을 안겨줄 수도 있다.

원인은 여러 가지로 생각할 수 있다. 유소년기에 경험했던 '포옹'과 같은 표현 방법만 아는 것일 수도 있다. 혹은 상대방에 따라 적절한 거리를 두어야 한다는 사실을 몰라, 다른 사람들에게도 자신의 어머니와 똑같은 스킨

십을 요구할 때도 있다.

사람의 기분이나 상황을 이해하지 못하면 스킨십 때문에 상대가 불쾌해 할 거란 사실을 모를 수도 있다. 심지어 누군가가 몸 전체를 감싸 안아야 안심하는 아이도 있다. 어린아이의 포옹은 허용되지만, 연령이 올라가면 다른 사람의 눈에는 부자연스럽게 보일 수도 있다.

또한, 대화에 집중한 나머지 저도 모르게 밀착하는 버릇이 있는 아이도 있다. 나이, 상대방과의 관계성을 고려해 적절한 스킨십을 하거나 거리를 둘 수 있도록 집에서 조금씩 소통의 방법을 알려주어야 한다.

(대책1) 연령대에 맞는 스킨십 알려주기

다른 사람의 기분을 헤아리지 못하는 아이는 "네가 누군가에게 들러붙거나 갑자기 친구를 껴안았다면, 상대방은 어떤 기분일까?"라고 물어보아도 모를 것이다. 가족이 아닌 사람은 갑자기 껴안으면 깜짝 놀랄 거라는 등, 그 내용을 구체적으로 알려주자.

어머니에게 안아달라고 조른다면 이제 다 커서 안아주기에는 무겁다고 설명하고, 대신 6학년부터는 등을 토닥여주겠다고 제안하도록 한다. 나이에 따라 소통의 방법이 달라진다는 사실을 전달하는 것이다. 다양한 스킨십 속에서 아이가 안심할 수 있는 방법을 찾기를 바란다.

대책 1
POINT
연령에 따라
의사소통하는 방법이 달라진다는 사실을 알려주자

(대책 2) 상대방에 따라 거리감이 달라진다는 사실 전달하기

　가족과 마찬가지로 타인과 과도한 신체 접촉을 할 때는 상대방과의 관계성, 각자에 대한 거리감을 눈으로 확인할 수 있는 형태로 알려준다. 예시로 아래 그림처럼 아이를 중심으로 가까운 인간관계의 원을 그린다. 친구들이라 하더라도 상대방이 동성이냐 이성이냐에 따라 거리감이 달라지므로 아이와 이야기를 나누면서 누구를 어디에 넣을지 생각하게 한다. 그 후, 아이와 나란히 서서 상대방에게 어느 정도까지 다가가도 좋은지 그 거리감을 실제로 확인한다.

대책 2
POINT
아이를 중심으로 가까운 인간관계의 원을 그려 거리감을 확인하자

　'엄마는 바로 옆까지 가능', '친구라면 팔 한 폭 넓이만큼' 등과 같이 구체적으로 이해할 수 있으면 된다. 그리고 '집에서는 가족과 스킨십을 해도 된다', '동성인 친구와는 신체 접촉을 해도 좋다', '처음 만나는 사람과는 악수한다' 등등, 규칙을 알려준다.

　다만, 학년이 올라가거나 상황이 변하면 규칙 또한 바뀐다는 사실도 알려주어야 한다. '중학생이 되면 가족끼리도 포옹 대신 하이파이브하기', '가족이 그만하라고 했다면, 그 이상은 하지 않기' 등등 아이가 이해하기 쉽게 전달한다.

아이가 몸을 압박하거나 감싸는 느낌을 원한다면 비슷한 느낌을 줄 수 있는 행위가 없는지 고민해 보아야 한다. 집 안에서 할 수 있는 방법 중 하나는 이불이나 쿠션으로 몸을 감싸는 것이다. 이 방법으로 대체할 수 있는지 아이와 함께 실험해 본다. 외출했을 때 후드가 달린 상의나 코트를 입을 수도 있다. 불안해지면 후드를 뒤집어쓰면 된다. 마스크나 모자 등도 시험하면서 아이가 안심할 수 있는 방법을 찾아가야 한다.

어린아이는 커다란 인형을 안고 있을 때 안심할 수도 있지만, 이는 나이를 먹으면 부자연스럽게 느껴진다. 그러니 작은 마스코트를 몸에 달거나

대책 3
POINT **무언가를 몸에 감싸거나 손에 쥐는 등, 마음을 가라앉힐 수 있는 자극을 주자**

손에 쥘 수 있는 크기의 공을 가방에 넣어두는 등, 나이와 본인의 취향에 맞게 다른 방법을 선택한다.

몸에 무게가 실려야 진정이 되는 아이는 앉을 때 무릎 덮개 등을 사용하면 안도감을 얻을 수 있으니 과도한 포옹을 줄이는 데 효과적이다. 모두 외출하기 전이나 모르는 사람과 만나기 직전에 해보면 좋은 방법들이다.

 상대방에 따라 거리감이 달라지거나 적절하게 거리를 두어야 한다는 사실을 알려준다.

우리 집 꿀팁

- 지하철이나 가게에서 빈자리를 발견해도 이미 앉아있는 사람의 바로 옆에 달라붙어 앉는 등, 상대방을 놀라게 하거나 이해시키지 못하는 행동을 할 때가 있다. 자리가 비어있으면 되도록 주변에 사람이 없는 자리에 앉으라고 이야기를 했다. (9세 남아)

- 낯가림이 없고 이성이나 처음 만나는 사람과도 거리감이 가깝다. 그래서 매일 아침 퍼스널 스페이스에 대해 설명한다. (7세 남아)

아이가 안심할 수 있는 장소

이번에 LITALICO 발달 NAVI의 협력으로 설문조사를 실시했다.[19]

Q. 집 이외에서 아이가 마음을 가라앉힐 수 있는 장소가 있습니까? 또는, 있었습니까?

네 ⋯ 59%

아니오 ⋯ 41%

Q. 마음을 가라앉힐 수 있는 장소와 그 이유를 구체적으로 알려주세요.

● 학교

- 도서실. 책을 좋아해서 자기가 좋아하는 시간을 보낼 수 있는 것 같다. (8세 남아)

- 학교의 특수학급 교실. 통합 학급으로의 이동 수업 시간에는 계속 긴장을 해 피곤해하므로, 특수학급 교실로 돌아가면 바닥에 풀썩 쓰러져 쉬는 듯하다. (7세 남아)

---

19 ※LITALICO 발달 NAVI 이용자를 대상으로 한 설문조사인 '발달 상태가 의심되는 초등학생에 대한 설문조사'(참여 수: 537건, 2019년 5월 10일~17일 실시)에서 발췌.

- '순회교육'[20]이라는 학교에서 월 2회 실시하는 전문 교사와의 맨투맨 수업. 차분한 상황에서 좋아하는 과목을 배우거나 선생님과 이야기를 나누며 평정을 찾는다. (11세 남아)

● 방과 후 학교after school

- 방과 후 학교. 아이에 대한 지도교사의 이해 속에 비교적 자유롭게 하고 싶은 일을 하며 지낼 수 있기 때문이다. (7세 남아)
- 방과 후 학교. 민간에서 운영하는 방과 후 학교이지만, 선생님이 장애아동에 대한 이해도가 있고 등교 거부도 받아주기에 아이가 매우 즐겁게 다니고 있다. (7세 남아)
- 초등학교의 방과 후 수업. 일단 마음대로 놀 수 있기 때문인 것 같다. (6세 남아)

● 방과 후 활동 서비스

- 방과 후 활동 서비스는 7~19세까지 장애가 있는 아이와 특징적인 발달을 보이는 아이들이 방과 후나 여름 방학 등, 장기 휴가에 이용할 수 있는 복지 서비스다.[21] 개별적인 치료 교육이나 집단 활동을 통해 집과 학교 이외에 아이가 편안하게 지낼 수 있는 곳을 마련해 주고, 친구도 사귈 수 있다.
- 소규모 활동이므로, 안심하고 지낼 수 있다. 전임 스태프, 그룹 내 친구

---

20 일본에서, 특수교육 교원 및 특수교육 관련 서비스 담당 인력이 각급 학교나 의료기관, 가정 또는 복지 시설 등에 있는 특수교육대상자를 직접 방문해 실시하는 교육.
21 한국의 경우도 만 6세~만 18세 미만의 '장애인복지법' 상 등록된 지적 및 자폐성 장애인이 대상이다.

들과 인간관계를 쌓아가고 있다. (6세 남아)

- 귀덮개,[22] 고집, 짜증 같은 것도 이해해 준다. (7세 남아)
- 학교에 들어가기 전부터 다니고 있는데, 물리치료사가 있는 곳이라 신체적인 부분도 확인할 수 있어서 안심이다. 아이도 즐겁게 다니고 있다. (6세 남아)
- 부모의 의견에 귀 기울여 주고, 아이의 상태를 공유하며 대응해준다. 지금까지 다녔던 발달 지원 센터와도 연계되어 있어 안심하고 맡길 수 있다. (6세 남아)

● 학원

- 유치원 시절부터 계속 다니고 있는 축구 교실이나 영어학원에서 안정감을 느끼는 듯하다. (6세 남아)
- 개인 공부방. 진단을 받기 전부터 다녔던 곳인데, 선생님이 아이에 대해 잘 이해해 주고 아이의 미래를 기대하며 성장을 함께 지켜보고 있다. 아이도 선생님에게 마음을 연 상태다. (9세 남아)
- 피아노 학원. 딸이 피아노를 좋아하기도 하고, 발달장애에 대한 이해도가 있는 선생님이 계시는데 딸이 피아노를 잘 치면 진심으로 칭찬해준다. (10세 여아)
- 수영 교실을 갈 때 타는 버스. 기분전환도 되고, 본인에게 어떠한 문제가 있다 하더라도 그것과는 상관없이 지낼 수 있는 장소인 듯하다. (8세 여아)

---

22 헤드폰형 귀마개. 다만, 헤드폰처럼 음악이 나오거나 하는 건 아니고 소음차단용으로 사용한다.

- 겐다마[23] 교실. 친구들이 있어 아이가 마음을 놓을 수 있는 곳이다. (11세 남아)

● 기타

- 자유 학교free school. 자유로운 행동이 보장되고 공부하지 않기 때문이다. (11세 여아)
- 모험놀이터play park. 직원들이 장애에 대한 이해도가 있어 아이가 하고 싶은 일을 할 수 있게 해준다. 야외인 데다가 가지고 놀 수 있는 기구도 많다. 아이들이 많이 모여들기 때문에 놀 사람도, 놀이도 고를 수 있어 시간을 보내는 방법의 선택지가 많아서 좋다. (7세 여아)
- 보이스카웃. 시험 삼아 가입시켰는데, 아이가 즐겁게 활동하고 있어 잘 맞는 듯하다. (7세 남아)
- 조부모님 댁. 뛰어다닐 수 있는 넓은 복도와 커다란 장난감이 있고, 화를 내지 않는 조부모님이 계속 돌봐주시므로 조금이라도 지루하다고 생각되면 곧장 조부모님 댁으로 놀러 가고, 집에서 엄마에게 혼이 났을 때는 위로받고 오겠다며 외출하기도 한다. (6세 남아)
- 친구 집, 동네의 육아 그룹, 방과 후 학교, 텃밭 만들기 모임 등. 일부러 가족의 곁이 아니라도 아이가 마음을 놓을 수 있는 곳을 만들었다. (8세 남아)

---

23 일본 전통 놀이의 일종.

제6장

'공부와 운동'이
고민일 때

공부나 운동을
좋아하게 하려면

발달장애나 그레이 존의 아이들 중에는 지적 발달이 늦지는 않지만 읽기, 쓰기, 산수 중 하나, 또는 여러 개를 어려워하는 아이들이 있다. 읽기, 쓰기, 산수처럼 특정한 공부나 운동은 '할 수 있다, 할 수 없다'가 부각되기 쉬워 '왜 하지 못하는지' 혼나는 횟수도 늘어난다.

실패나 혼나는 경험이 늘어나면 아이 본인이 공부나 운동 그 자체를 싫어하게 될 수도 있다. 나아가, 자기 효능감self-efficacy까지 떨어질 수 있다. 공부나 운동을 싫어하지 않도록, 어려워하는 일만 부각시킨 나머지 아이가 자신감을 잃지 않도록 부족한 부분을 잘 보완해주어야 한다. 그 구체적인 방법에 대해 알아보기로 한다.

읽기, 쓰기를 못 하거나 계산식을 세우지 못하는 등의 학습 과제는 사실 개인차가 커 개개인의 진단과 원인에 따른 적절한 훈련 방법을 취할 필요가 있다. 다만, 알맞은 훈련을 해도 쉽게 개선되지 않는 경우도 많아 완벽하게 '할 수 있게 된다'고는 단언하기 어렵다. 이러한 점에서, 공부나 운동에 관해 모든 사람들에게 공통적으로 적용하기 쉬운 대책으로서 '환경 조정'을 추천한다. 집중하기 쉬운 환경이나 움직이기 편한 환경을 만들어 주거나 보조 도구를 활용하면 공부나 운동의 어려움을 어느 정도 보완할 수 있다. 지금부터 그 보완하는 방법에 대해 알아보기로 한다.

1 문장을 잘 읽지 못하는 아이

◆ 연습이 부족한 게 아니라, 정보 처리 능력이 부족할 수 있다

　글을 읽을 때 글자를 잘못 읽거나 단어나 문장을 건너뛰기도 하고, '나, 는,'과 같이 한 글자씩 띄엄띄엄 읽는 등 문장을 제대로 읽지 못하는 아이가 있다.

　문장 읽기는 사실 매우 고도의 작업이다. 우선, '아', 야'와 같이 비슷하게 생긴 글자를 보고 순간적으로 판별하는 능력이 필요하다. 일본어의 경우 한자가 나오면 더욱 어려워진다. '今'이라는 한자를 예를 들어보자면, 같은 한자라도 '지금, 나는~'이라는 문장에서는 훈독으로 읽히지만, '오늘, 나는

~'이라는 문장에서는 음독으로 읽히는 등, 때에 따라 한자를 적절한 뜻으로 변환하는 힘이 필요하다.[24] 나아가, '아버지가 방에 들어가신다'와 같은 문장도 적절하게 끊어서 읽을 줄 알아야 한다.

글을 읽을 땐, 이처럼 복잡한 작업을 순식간에 처리하면서 목소리를 내어 읽어야 한다. 이러한 정보 처리 능력이 부족하면 문장을 매끄럽게 읽지 못할 수도 있다. 아이가 어려워하는 부분을 알아차리고, 아이가 즐겁게 그 능력을 조금씩 늘려가도록 도와주어야 한다. 무리하게 읽기 연습을 시키면 부담이 되기만 할 뿐이다. 우선은 부모가 읽어주는 문장을 아이가 손가락으로 짚어가면서 귀로 문장을 듣고 익히는 연습을 해야 한다. 이때는 아이가 관심을 보인 책을 골라 천천히 또박또박 읽어주는 게 핵심이다.

(대책 1) 쉽게 읽을 수 있도록 문장 바꾸기

아이가 문장을 매끄럽게 읽지 못하는 이유는 어디서 끊어야 하는지 모르기 때문일 수 있다. 이때는 단어마다 빗금을 치고 하나씩 끊어 읽는 연습을 하면 좋다. '나/는/어제/엄마/와/공원/에/갔다.' 익숙해졌다면 이번에는 절 단위로 끊어본다. 나는/어제/엄마와/공원에/갔다.' 빗금은 보통 '주변시'[25]를 통해 인지한다. 주변시는 붉은색보다 푸른색을 쉽게 인식한다고 하므로, 빗금은 파란색 펜을 사용해야 효과적이다.

---

24 한국어에서는 유음화 경음화 등 다양한 조음 및 음운 규칙을 적용하기 어려워하는 경우가 있다.
25 무의식 중에 시야에 들어오는 범위.

대책 1
POINT
클리어 파일에 '한 줄 창'을 뚫고, 이를 움직이면서 읽자[26]

눈에 잘 띄는 색은 개인마다 다르므로, 클리어 파일의 색상을 다양하게 시험해보자.

문장을 읽다 보면 아랫줄을 잘 구분하지 못해 같은 줄을 읽거나 건너뛰기도 한다. 이럴 때는 밑줄을 그으면 도움이 된다. 그밖에도 손가락으로 짚어가며 읽거나, 자를 대고 읽는 것도 효과적이다. 다음 그림처럼, 색깔이 있는 클리어 파일에 한 줄만 읽을 수 있도록 구멍을 뚫어 교과서에 대고 읽으면서 이동시키는 것도 하나의 방법이다. 다음에 읽을 부분이 비쳐 보이기 때문에 뚫려있는 부분을 다음 줄로 이동시키기 편리하다.

줄이 바뀌면서 단어 중 일부가 다음 줄로 넘어가면 읽기 어렵다. 그럴 때는 형광펜으로 단어에 밑줄을 그어 두면 읽기 수월해진다. 마침표를 무시한다면 형광펜으로 어미語尾를 표시해 한 문장씩 읽는 습관을 들이게 한다.

---

26 가로쓰기인 한국 교과서에서는 교과서 너비에 맞춰 한 줄 창을 뚫어 위에서 아래로 움직여 활용할 수 있다.

글을 읽기 어려워하는 아이라면 글자의 글꼴이나 크기를 바꾸거나 행간을 적절하게 비워두는 것만으로 몰라볼 정도로 잘 읽을 수 있게 되기도 한다. 학교 교과서는 명조체를 주로 사용하는데, 아이에 따라서는 눈에 잘 들어오지 않고 고딕체가 읽기 편하다고 느끼기도 한다. 또한, 1학년 교과서는 글씨가 크고 행간이 넓어 읽기 쉽지만, 학년이 올라갈수록 글씨가 작아지고 행간도 좁아지므로 한 줄씩 읽기 어려워할 수도 있다. 그림책은 읽어도 교과서는 읽지 못한다면, 교과서 문장을 확대 복사하는 것도 방법이 될 수 있다.

어떤 방법이 되었든, 짧은 글이라도 제대로 읽는다면 아이를 칭찬해주어야 한다. 교과서에 아이를 맞추는 게 아니라, 아이에게 맞는 읽기 쉬운 환경을 만들어 읽었다는 성취감을 조금이라도 느낄 수 있도록 해야 한다.

(대책 2) 글을 통해 어휘 늘리기

한 글자씩은 읽을 수 있어도 단어 단위로 받아들이기 어려워하는 아이, 모르는 단어가 문장 안에 나오면 입을 다무는 아이는 문자 놀이를 통해 어휘 수를 늘린다. 문자 놀이의 예시는 이렇다. 무작위로 적힌 문자열에서 아는 단어를 찾아 동그라미를 치게 한다. 처음에는 글자 수나 단어 수가 적은 것부터 시작해 익숙해지면 점차 늘려나간다. 아이가 흥미를 보이는 단어를 넣거나 시간제한을 두면 게임을 하는 듯한 느낌이 나 즐겁게 학습할 수 있다.

대책 2
POINT
게임이나 애플리케이션을 이용해 놀면서 단어를 접하자

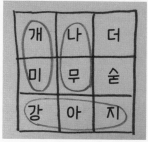 

익숙해지면 서서히 단어 수를 늘린다. 시간제한을 두면 게임을 하는 것처럼 즐길 수 있다.

(참고 앱)

난독증 독서 지도 애플리케이션 통합 버전·단어 버전

국립 성장 의료 연구 센터의 홈페이지 → 심리 진료부 아동·사춘기 정신 건강 관리 진료과 → '난독증이란'을 클릭해 기초 지식을 습득한 뒤 이용하기를 추천한다.

애플리케이션 시작 화면에 사용 시 주의사항이 있으니, 이를 반드시 숙지한 뒤 사용하기를 바란다.

연습용 '난독증 독서 지도 애플리케이션 단음[27]·직음[28] 통합 버전'에서는 오른쪽 그림처럼 화면이 차례로 표시되고, 단음의 정확한 발음을 연습한다. 한 글자를 쉽고 빠르게 읽을 수 있도록 연습한 뒤, 단계에 따라 비교적 간단한 '비기너 (1)'와 난이도가 높은 '챌린저 (2)'를 해보자.

---

27 일본어에서 음성을 분석해 얻는 최소 단위.

28 일본어에서 가나로 표기되는 음.

또한, 인터넷에서 '단어 찾기'를 검색하면 다양한 수준의 단어 찾기 교재가 나온다. 무료로 이용할 수 있는 '난독증 독서 지도 애플리케이션ディスレクシア音 指導アプリ'에도 단어 읽기를 연습할 수 있는 기능이 포함되어 있다. 활용할 수 있는 교재나 앱 중에 아이가 흥미를 보일만 한 내용을 골라 시도해보는 것도 좋다.

대책 3 단어의 뜻 가르치기

단어의 의미를 배우면 읽기 실력이 향상되기도 한다. 예를 들어보자. 문장을 읽다가 그 안에 있는 단어의 뜻을 몰라 도중에 멈춰버리면 '뜻을 모르는 단어'만 생각하느라 정작 중요한, 문장에 나오는 등장인물의 심경 변화나 문장의 의도를 파악하기 어려워진다.

문장 안에 있는 단어를 분간하려면 단어의 의미를 파악해야 한다. 그러므로 문장을 읽다가 모르는 어구가 나면 그때마다 뜻을 찾아보는 습관을 들이면 좋다.

 아이가 편하게 읽을 수 있도록 시각적인 방법을 생각해 내 문장을 읽을 재미를 알려준다.

우리 집 꿀팁

- 감각 과민의 경향이 있어 흰 종이를 보면 '빛 때문에 눈이 부시다'고 호소한다. 배경색과 글자색의 대비가 강하면 읽기 어려워하는 것 같아 종이색을 옅은 회색이나 노란색으로 바꾸었더니 문제없이 읽을 수 있게 되었다. (8세 남아)

- 국어 수업 때 글을 한 글자씩밖에 읽지를 못해 시간이 오래 걸렸으므로, 읽기 쉽게 선을 그어 구분하거나 점이나 선, 괄호 등에는 체크를 해 두었다. (8세 남아)

- 교과서에서 처음 배우는 문장은 어디서 단어를 끊어야 하는지 몰라 잘 읽지 못하는 듯하므로, 문절마다 미리 밑줄을 그어 두었다. 줄을 건너뛰거나 읽고 있던 부분을 놓치기도 했기 때문에 집에서는 '문장에 색이 입혀지는 확대경'을 사용해 읽고 있다. (10세 남아)

- 어렸을 적부터 시각 과민 증상이 있어 읽기 장애와 쓰기 장애가 있을지도 모른다고 생각해 준비해 왔다. 무엇을 읽든 어른이 함께 소리 내어 읽어주며 유도했다. 한자는 읽는 법을 모두 함께 표기했다. (7세 여아)

2 글씨를 잘 못 쓰는 아이

◆ 글자가 삐져나오거나, 쓸 때 시간이 걸린다

글자를 정확하게 쓰지 못하거나 크기가 흐트러지는 등, 글씨가 비뚤배뚤한 아이도 있다. 문장이 올라가거나 내려가고, 칸이나 줄에서 글자가 삐져나오기도 하고, 뭐라고 썼는지 도저히 알아볼 수 없는 경우도 있다.

글씨를 쓰는 일이 어렵다고 인식하게 되면 쓰기 숙제나 시험을 싫어하게 되고, 그러다 보면 점차 글씨를 익히지 못하게 되는 악순환에 빠지게 된다. 바른 글씨체를 위해 같은 단어만 계속 쓰게 하는 일은 부담이 커 오히려 역효과가 난다. 받아쓰기 숙제는 약간 글씨가 이상하거나 쓰는 순서가 틀렸

더라도 잔소리하지 않고 마음껏 쓰게 한다.

연필로 글자를 쓰는 감각이 낯선 아이는 몇 번을 써도 글자를 외우지 못해 자신감이 떨어지기도 한다. 판서를 공책에 옮겨 적는데 시간이 걸리는 아이는 다 옮겨 적기 전에 칠판을 지우거나 다음 내용으로 넘어가면 수업을 따라가지 못하니 학습 의욕이 떨어질 수도 있다.

쓰는 행위는 복잡하고 외우기 어렵다. '쓰기' 위해서는 우선 견본 글자를 보거나 머릿속으로 글자를 떠올리면서 글자의 세세한 모양을 익혀야 한다. 다음으로, 칸이나 줄을 눈으로 확인하면서 정확한 위치에 연필을 위치시키는 '눈손 협응 운동'이 필요하다. 여기서 필획이나 글자의 균형에도 신경 쓰다 보면 너무 복잡해져 아이의 정보 처리 능력이 따라가지 못할 수도 있다. 디테일을 파악하기 힘들어한다면 글자를 정확하게 외우지 못해 획이나 점을 틀리기도 한다.

이처럼, 아이의 특징에 따라 글자를 틀리는 방법도 가지각색이다. 아이의 특징을 알려 받아쓰기 숙제를 줄이거나 칠판에 필기한 내용을 천천히 지우는 등 할 수 있는 지원을 받을 수 있도록 학교 선생님과 상담하도록 한다.

대책1　견본 만들기

글자를 써도 비뚤배뚤하거나 크기가 제각각이거나, 첫획과 마지막 획을 몰라 글자를 올바른 순서대로 쓰지 못한다면, 우선 글자의 디테일을 파악할 수 있도록 견본을 만들어야 안다. 공간 인식이 어려운 아이는 칸이나 줄

대책 1

POINT

**어디에 써야 하는지 알 수 있도록
칸을 네 군데로 나누어 색을 칠하자**

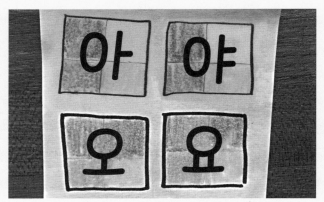

색으로 구별해 놓으면 시작점과 끝점 등의 위치를 파악하기 쉬워진다.

안에 글자를 맞춰 쓰지 못하므로 다음 그림처럼 칸의 테두리를 검은색 펜으로 진하게 긋고 칸 안을 네 가지 색상의 펜으로 나누어 칠한다. 그 위에 견본 글자를 쓰고, 어느 색 부분에 무엇이 들어가 있는지를 함께 확인한다.

다음으로 똑같은 칸을 만들고, 아이가 견본을 보며 쓰게 한다. 칸이 클수록 세세한 부분까지 파악하기 쉽다. 글자의 크기가 제각각일 때는 견본 글씨와 비슷한 크기로 써보자며 다독인다. 글씨를 지저분하게 썼다며 탓하지 말고 깔끔하게 쓴 글씨를 찾아내 칭찬해주어 자신감을 가지게 한다. "〈아〉를 써볼까? 동글~, 쭈욱!, 가로로 쓱, 끝!" 이처럼 리듬에 맞춰 쓰면서 청각을 자극하면 글자를 외우는데 훨씬 도움이 된다.

또한, 받아쓰기할 때는 표면이 다소 거친 책받침을 사용하면 손에 진동이 느껴지므로 힘을 조절할 수 있게 되고 필획도 정확하게 쓸 수 있게 된다.

플라스틱으로 된 책받침은 미끄러지기 쉽고, 쓸 때의 감각이 손에서 몸으로 잘 전달되지 않는다.

(대책 2) 한글은 자음, 모음으로 나누어 외우게 하기

좌우의 개념을 이해하지 못하는 아이는 '자음'과 '모음'의 위치를 반대로 외우거나 엉뚱한 위치에 쓰기도 한다. 한글의 '자음'과 '모음'을 자주 착각하는 경우는 놀이를 통해 외우게 하면 좋다. 외우려는 글자를 각각의 부위

대책 2
POINT
글자를 분해하자.
퍼즐을 맞추듯 놀면서 익히자.

로 나누어 다음 그림처럼 카드로 만든다. 카드를 조합해 글자를 만드는 모습을 보여준 뒤, 퍼즐을 맞추듯 카드를 조합하면서 글자를 외우게 한다.

시중에는 한글 카드도 판매 중이다. 처음에는 적은 숫자의 카드를 조합하면서 놀다가 익숙해지면 장수를 늘린다.

또한, 일부러 틀리게 한글을 적고 어디가 틀렸는지 찾아보는 틀린 그림 찾기 놀이를 하는 것도 추천한다. 세세한 부분까지 주의를 기울여 쓰는 습관을 들일 수 있다.

(대책 3) 판서를 사진으로 찍어 베끼게 하기

칠판 글씨를 공책에 옮겨 적을 때는 시선을 크게 이동해야 할 필요가 있다. 그래서, 판서를 공책에 필기하는 걸 힘들어하기도 한다. 이럴 때는 판서 내용을 가까운 곳에 두고 되도록 머리와 눈을 움직이지 않으며 바로 비교할 수 있는 방법이 효과적이다.

예를 들면 태블릿 PC 카메라로 칠판을 찍어 이를 가까이에 두고 보면서 공책에 적거나, 칠판의 내용이 적힌 유인물이나 메모를 선생님께 부탁할 수 있다. 이게 어렵다면, 나중에 짝꿍의 공책을 빌려서 봐도 좋다.

우선은 집에서 수업을 미리 시뮬레이션하면서 이러한 방법을 실제로 시험해본다. 아이가 따라할 수 있을 것 같은 방법을 발견하면 학교에서 활용할 수 있도록 담임 선생님과 상담하도록 한다.

대책 3

눈의 움직임을 최소화하자. 가까운 위치에 두고 바로 비교할 수 있는 방법을 찾아보자

 글씨를 다소 이상하게 쓰더라도 괜찮다고 말해주고, 좋은 점을 칭찬해 자신감을 심어준다.

우리 집 꿀팁

- 필압이 약해 글씨가 흐느적거린다. 초등학교에서는 '태블릿 PC'를 사용하고 있다. (11세 남아)

- 필압, 글씨의 균형이 좋지 않지만 이를 지적하면 무척 화를 낸다. 그래서 학습 지원을 받을 수 있는 방과 후 활동 서비스를 이용해 엄마가 아닌 '제삼자에게 지적'을 받게 했더니 거부감 없이 받아들이고 있다. (11세 남아)

- 판서를 옮겨적지 못해 학교에 가기 싫어했다. 그래서 3학년이 되면서 판서는 한 번에 다 적지 못해도 좋으니 시험은 꼭 치자고 약속했다. 조금씩 쓰는 양을 늘린 끝에, 5학년이 된 지금은 칠판에 적힌 글씨를 모두 받아 적고 있다. (10세 남아)

- 국어에 약하다. 글씨는 발달장애 아동용 문제집을 사용하고 있다. (9세 남아)

사례 3 문장형 문제의 이해가 미숙한 아이

◆ 문장을 읽기만 해서는 그 의미를 파악하지 못하는 것일 수 있다

    유인물이나 시험 문제를 풀 때, 앞의 계산형 문제는 술술 풀다가도 뒤에 문장형 문제가 나오면 도중에 손을 놓고 마는 아이들이 있다.

    문장형 문제가 어려운 이유에는 문장을 읽지 못하거나 이해하지 못하거나, 식을 세울 수 없거나 계산이 어렵다거나, 혹은 그 외에도 다양한 원인을 떠올려볼 수 있다. 문장을 읽었을 때 그 내용을 이해하지 못하면 계산식을 세울 수 없으므로 '철수는 왜 형보다 나중에 집을 나왔을까?', '〈어떤 수에 2를 곱하면〉에서, 〈어떤 수〉는 무엇일까?'와 같이 상관이 없는 내용을 신경

쓰다가 필요한 정보를 유추하지 못하기도 한다.

또한, 문장형 문제에는 사물이나 사람의 이름과 같이 숫자 이외의 단어가 많이 나오고, '+'가 '더해서'와 같은 단어로 표현되거나 '~와 같은 경우'처럼 가정 표현이 나오기 때문에 쉽게 혼란을 느끼고 식을 잘못 세워버리고 만다.

문장을 읽고 이해하는 데 시간을 다 써버리는 경험이 반복되다 보면 '문장형 문제는 보기 싫다'라는 거부감을 조장할 수 있다. 짧고 간단한 문장형 문제를 풀 때 이를 읽고 이해하는 방법을 알려주면 길이가 긴 문제도 쉽게 이해할 수 있을 것이다.

대책1 수의 움직임을 가시화하기

문제에 맞게 서로 다른 색의 블록을 준비한다. 아이가 혼란을 느끼지 않도록 최대한 비슷한 모양으로 준비한다. 그리고 다음 그림처럼 문제에 맞게 각각의 블록을 필요한 수만큼 나열하고 문제에 따라 블록을 이동시키면 그 내용을 떠올리고 정리하는 힘을 기를 수 있다. 블록과 같은 색의 펜으로 문제에 적힌 숫자에 동그라미를 치거나 형광펜으로 표시하면 훨씬 알아보기 쉬워진다. 익숙해지면 블록 대신 ○과 ● 등으로 표시해도 문제의 내용을 떠올릴 수 있게 될 것이다.

대책 1 문제에 맞게
블록을 사용해 식을 재연하자

POINT

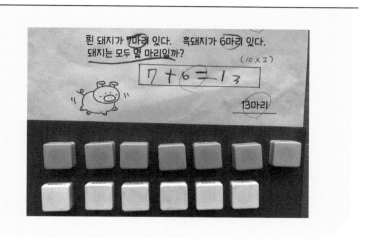

대책 2 문장 속 키워드에 표시하기

　문제를 읽을 때 덧셈 문제는 '합쳐서', '전부', 뺄셈 문제는 '나머지는', '남은'과 같이 식으로 유도하는 힌트가 되는 키워드에 표시한다. 여러 번 반복하다 보면 어구를 보기만 해도 덧셈 문제인지 뺄셈 문제인지를 파악할 수 있게 된다.

　또한, 문장형 문제에는 다음에 제시한 예와 같은 가정 표현이 나오기도 한다. 곱셈 문제라면 "4명의 학생에게 연필을 2자루씩 나누어 주려면, 연필은 몇 자루 필요합니까?", 나눗셈 문제라면 "20명의 학생을 5개의 반으로

덧셈의 경우는 '합쳐서', '전부'.
뺄셈의 경우는 '나머지는', '남은'.

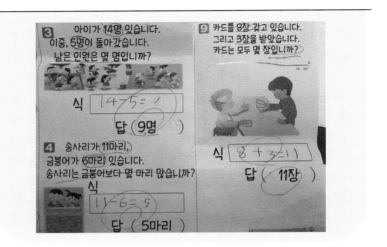

나눌 경우, 한 반의 학생은 몇 명입니까?"를 예로 들 수 있다. 이런 문제를 읽다가 혼란스러워하기도 하는데, '4명의 학생에게 연필을 2자루 나누어준다', '연필은 몇 자루 필요한가', '20명의 학생을 5개의 반으로 나눈다', '한 반의 학생은 몇 명인가'처럼 문장으로 나누어 읽으면 이해할 수 있는 아이도 많다고 한다.

일상생활을 활용하면 문장형 문제를 이해하고 직접 수식을 세우는 일에 익숙해질 수 있다. 과자를 나누어주면서 "쿠키는 한 사람 당 세 개씩 줄 거야. 엄마, 아빠, 그리고 네가 받으려면 쿠키는 모두 몇 개가 필요할까?"와 같이 아이에게 질문하는 식이다. 금세 "9개!" 하고 대답한다면 "왜 그렇게 생각해?" 하고 다시 질문을 던져 수식을 입으로 말할 수 있도록 한다.

대책 3 POINT   집에서 케이크를 등분하는 등 일상생활 속에서 식을 세우는 연습을 하자

KEY Point   눈에 보이는 형태로 숫자를 제시하면 쉽게 떠올릴 수 있게 된다.

우리 집 꿀팁

- 문장형 문제를 어려워했는데, 매우 작은 목소리로 읽게 하고 숫자에는 'ㅇ', 중요 단어에는 '선'을 긋게 했다. 이렇게 하니 이유는 잘 모르겠지만, 어쨌든 문제를 풀 수 있는 것 같다. (9세 남아)

- 손으로 쓰면서 문제를 푸는 계산식의 나열은 보기도 어렵고 피로해지므로 줄 공책이 아닌 무지 공책에 글자 크기를 무시하고 쓰게 했다. 문장형 문제는 읽어도 이해를 못 하기 때문에 부모가 대신 읽어주어 이해시킨다. (10세 남아)

- 문장형 문제는 한눈에 이해하지 못하면 거부 반응을 일으킨다. 그렇다고 해서 부모가 설명해주는 건 싫어하므로, 태블릿 PC를 활용해 공부하고 있다. (10세 남아)

글짓기, 일기 쓰기가 미숙한 아이

◆ 있었던 일을 떠올리거나 정리하는 것이 어려울지도 모른다

　명랑한 성격에 수다쟁이라 끊임없이 이야기하는 아이인데도 작문이나 편지, 일기 등을 쓸 때면 갑자기 자기 생각을 글로 옮기지 못할 때가 있다. 일기나 작문은 '수족관으로 소풍을 갔다. 재미있었다'로 끝이 나고, 주제나 장소가 바껴도 '재미있었다'라는 말만 나열되어 있다. 독후감은 책의 줄거리를 길게 나열한 다음, '아무튼 재미있었다'가 끝이다. 책을 읽으면서 느낀 자신의 심정을 글로 표현하는 게 서툴다. 애초에 글을 쓰기 시작할 때까지 시간이 걸리는 데다가, 쓰기 시작한 뒤에도 좀처럼 써 내려가지 못하고 중

간에 포기해버려 수업 시간 안에 끝마치지 못하기도 한다.

그런 아이들에게는 '더 자세히 써라', '감상을 제대로 써라'와 같이 추상적인 지시를 내려도 의미가 없다. 우선은 왜 쓰지 못하는지 그 원인을 파악해야 한다.

수많은 일 중에서 무엇을 써야 할지 고르지 못할 수도 있고, 머릿속으로 써야 할 내용이 떠오르지 않을 수도 있다. 또한, 주제를 찾았다 하더라도 중구난방인 소재를 정리해 하나의 문장으로 정리하지 못하는 경우도 있다. 혹은, '○○로 갔다', '○○을 보았다'와 같은 사실은 쓸 수 있어도 더 자세한 상황이나 그때 느꼈던 감정이 떠오르지 않는 것인지도 모른다.

각각의 원인에 대해 신중하게 대응하며 문장에 대한 거부감을 조금씩 줄여야 한다. 오탈자나 글씨체, 작문의 규칙을 어긴 부분 등을 하나하나 지적한다면, 쓰겠다는 의욕 자체가 사라지게 된다. 처음에는 상황이나 기분을 솔직하게 쓸 수 있도록 느긋한 마음으로 지도해야 한다.

'몇 장 이상 쓰기'와 같은 규제를 하지 않기, 쉬는 시간까지 활용할 수 있게 하기 등과 같은 배려를 받을 수 있도록 학교 선생님께 협조를 요청해도 좋을 것이다.

(대책 1) 사진이나 영상을 보며 이미지를 떠올리게 하기

아무런 단서도 없이 작문의 주제나 그날 있었던 일을 떠올리는 건 어려울 수 있다. 이러한 경우는 사진이나 영상, 소풍 일정표 등을 보여주면 도움

대책 1 그날 있었던 일을 떠올리며
POINT 작문의 소재가 될 만한 것을 찾아보자

이 된다.

혹은 부모가 직접 물어보는 것도 좋은 방법이다. "어제 동물원에 갔었잖아. 어떤 동물을 봤었지?", "어느 동물이 좋았어?", "왜 좋았을까?" 이와 같은 질문을 받다 보면 "코끼리가 코로 바나나를 집어 먹었는데, 똑똑하다고 생각했어!"와 같이 그 당시의 상황이나 자신이 느꼈던 기분을 떠올릴 수 있게 될 것이다. '즐거움', '기쁨', '슬픔'과 같이 감정을 느꼈을 때나 어떠한 행동을 했을 때는 기억에 남을 테니 쉽게 쓸 수 있다. 놀러 갔던 당일이라면 기억을 떠올리기 쉬우므로 작문하기 훨씬 수월해진다.

아무 준비 없이 원고지에 쓰기 시작하면 중간에 글의 흐름이 잘못되었을 때 지우거나 수정할 수 없으므로 쓰기 싫어지게 된다. 글을 전개할 순서를 구상하기 위해서라도 먼저 메모를 하는 습관을 들여야 한다. 언제, 어디서, 무엇을 했는지 시간 순서대로 쓰는 것이다. 아이가 메모하는 걸 귀찮아한다면, 처음에는 부모가 아이에게 물어 그 대답을 대신 메모해주어도 좋다.

완성된 메모를 보며 '서론에 쓸 말', '본론에 쓸 말', '결론에 쓸 말'로 나누어 문장으로 옮길 순서를 정한다.

처음에는 "〈언제〉, 〈어디서〉, 〈누구와〉, 〈무엇을 했는지〉 써 보자."와 같이

대책 2
POINT

**처음에 언제, 어디서, 무엇을, 과 같은
핵심 내용을 확인하면 쓰기 편하다**

구성을 짜는 힌트를 알려준다. 어디까지나 힌트만 알려줘야 하며, "〈어제 가족들과 동물원에 갔다〉라고 쓰는 거야."와 같이 문장을 그대로 알려주는 건 지양해야 한다. 아이가 스스로 정보를 정리할 수 있을 때까지는 함께 메모를 만들거나 옆에서 힌트를 주도록 한다.

(대책3) 원고지 사용법과 쓰는 법 정리하기

주제를 파악했고 어떻게 쓸지도 생각했는데도 글을 쓰는 데 시간이 걸리기도 한다. 이는 원고지에 어떻게 써야 하는지 모르거나 쓰는 방법에 관한

대책 3
POINT

글쓰기 용지의 사용법을 종이 한 장으로 정리해두면 곧바로 확인할 수 있어 편리하다

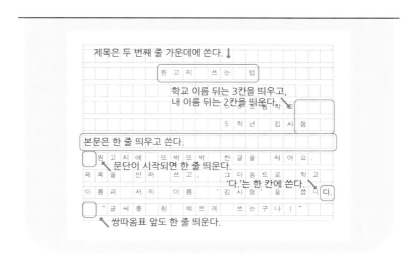

너무 많은 규칙을 외우지 못해 귀찮아하는 것일 수도 있다.

이럴 때는 작문 규칙을 언제든 확인할 수 있도록 아래 그림과 같은 '원고지 쓰는법'을 만들어 두면 좋다. 인터넷에서도 다운로드할 수 있지만, 학교의 지도 내용과는 약간 다를 수도 있으므로 만일에 대비해 담임 선생님과 확인할 필요가 있다. 사용법을 별도로 만들어 두면 신경이 쓰일 때마다 곧바로 확인할 수 있으므로 안심하고 글을 쓸 수 있다.

 단어, 표현의 정확도는 다음에 확인해도 좋다. 자기 생각을 짧은 문장으로나마 완성했다는 사실을 칭찬해주어야 한다.

우리 집 꿀팁

- 혼자서는 일기 쓰기 숙제를 하지 못한다. 대화나 말로 상황을 설명할 수는 있어도, 이를 문장으로 옮기기 어려워하는 듯하다. 그래서 부모가 매일 오늘 뭐 했는지 물어보고, 대답한 내용을 그대로 적어보자고 타일렀다. (7세 남아)

- 일기 쓰기 숙제를 내달라고 부탁했다. 집에서 내가 아이와 이야기하면서 문장을 한 줄씩 공책에 적으면, 아이가 그걸 보면서 옆에 옮겨 적게 한다. (9세 여아)

5 학용품 사용이 미숙한 아이

◆ 오른쪽과 왼쪽을 다르게 움직이는 게 어렵다

자로 선을 긋거나 지우개나 컴퍼스를 사용할 때도 양손이 서로 다르게 움직이는 '협응 동작(협조운동)'을 해야 한다. 손끝을 섬세하게 움직이지 못하고 양손을 다르게 움직이는 게 익숙하지 않은 아이는 자나 지우개를 제대로 사용하지 못할 수 있다.

자로 선을 그으려고 하면 항상 자가 비뚤어져 똑바로 긋지 못하거나 중간에 선이 휘어져 버리기도 하고, 지우개로 지울 땐 힘이 너무 들어가 공책이 찢어지거나 우그러지기도 하며 옆에 있는 글자까지 지우기도 한다. 이

러한 일이 계속되면 자와 지우개를 사용하기 싫어지게 된다. 수업에도 집중하지 못하고 숙제도 귀찮아할 수 있다.

공부할 때 꼭 필요한 도구를 제대로 사용하려면 어떻게 해야 할까.

대책1 아이가 사용하기 쉬운 도구 준비하기

우선은 아이가 사용하기 쉬운 도구를 준비해야 한다. 잘 미끄러지지 않는 자, 약한 힘에도 잘 지워지는 지우개 등을 선택하는 게 좋다. 사용할 때 느끼는 스트레스가 사라지면, 점차 세밀한 움직임에도 익숙해져 능숙하게 도

대책 1
POINT

사용할 때의 스트레스를 줄이거나 사용하게 하려면 어떤 도구를 써야 할지 연구하자

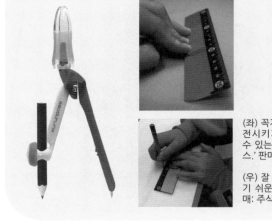

(좌) 꼭지를 쥐고 빙글빙글 회전시키기만 하면 원을 그릴 수 있는 '슈퍼 컴퍼스. 빙글퍼스.' 판매처: 주식회사 소닉

(우) 잘 미끄러지지 않고 누르기 쉬운 자 'Q 15cm 자'. 판매: 주식회사 고무 Q.

구를 쓸 수 있게 될 것이다.

자로 선을 긋거나 지우개로 글자를 지울 때는 주로 쓰는 손이 아닌 손으로 자와 종이를 고정하는 게 요령이다. 그러나, 실제로는 연필이나 지우개를 쥔 손을 신경 쓰다가 자가 비뚤어지거나 종이가 구겨져 버리고 만다.

플라스틱 자는 매끄러워 '만진다', '누른다'와 같은 감각을 느끼기 어렵다. 자를 누르는 감각이 느껴지도록 자 위에 사포나 스펀지 등 손끝을 자극할 수 있는 아이템을 붙여둔다. 사각 지우개를 자의 정 가운데에 양면테이프로 붙여두면 자를 누르기 한층 더 수월해진다. 고정시켜야 하는 자와 종이가 미끄러지지 않도록 자 뒤에 박스 테이프를 붙여두거나 종이 아래에 미끄러지지 않는 책받침을 받치는 방법도 추천한다.

(대책 2) 익숙해질 때까지 어른이 도와주기

지우개로 잘못 쓴 글자를 깨끗하게 지우지 못하면 지우개 자국 때문에 글씨가 잘 안 보이거나, 옆에 있는 글자까지 지워버려 다시 써야 한다. 이런 번거로움에 짜증이 난다는 이유로 지우개 쓰기를 귀찮아하는 아이도 있다.

처음에는 부모가 깨끗하게 지워주면 좋다. 만일, 아이가 직접 지우려 하면 처음에는 지울 때 구겨지지 않게 부모가 종이를 잡아주거나 방해가 되는 지우개 가루를 치워준다. 그리고 아이 대신 하던 일을 조금씩 줄여나가는 방법을 추천한다.

대책 2
POINT **처음에는 아이를 대신해 도와주고,
부모의 개입을 서서히 줄여가자**

틀린 부분을 고치기 싫어하는 심리적 요인 때문에 지우개 사용이 미숙할 수도 있다. 이런 경우에는 틀린 부분을 억지로 지우게 하지 말고 그 옆에 새로 쓰게 한다. "여길 조금만 길게 쓰면 글씨가 반듯해질 것 같은데, 그 옆에 한 번 더 써볼까?" 이처럼 아이에게 긍정적으로 말을 걸어주어야 한다.

대책 3   양손을 동시에 따로 움직이는 연습하기

양손을 따로 움직이는 '협응 동작'은 다음의 세 가지 단계를 거쳐 익힌다.

대책 3
POINT
'병뚜껑 열기' 등 일상생활 속 동작으로 쉽게 연습할 수 있다

① 양손을 동시에 움직인다. ② 양손을 번갈아 움직인다. ③ 양손에 서로 다른 역할을 부여한다.

　비즈를 끈으로 엮어 액세서리를 만들거나 가위를 이용하는 공작 작업은 양손의 협응 동작을 키우는 데 도움이 된다. 또한, 점토를 '뭉치거나', '떼어내거나', '양손으로 잡아당기는' 동작은 양손을 동시에 사용할 수 있다. 정글짐을 기어오르거나 걸음마 보조기를 앞으로 미는 놀이는 양손을 번갈아 움직이는 연습을 하는 데 도움이 된다. 페트병 뚜껑을 여는 것과 같은 일상생활 속 동작은 자연스럽게 양손에 서로 다른 역할을 부여한다.

　물론, 이러한 동작을 할 수 있다고 해서 자나 지우개를 능숙하게 사용하는 건 아니다. 그래도 기초 운동 능력을 키울 수는 있다. 양손을 움직이다 보면 손끝의 감각이 발달하게 되어 점차 섬세한 동작을 할 수 있게 될지도 모른다. 중요한 점은 뭐가 되었든 어른이 기를 쓰고 '훈련'시키는 게 아니라, 아이가 즐겁게 놀면서 할 수 있게 해야 한다는 점이다.

 '할 수 있다'에 신경 쓰지 말자. 아이가 즐겁게 손가락을 움직이고 있다면 그걸로 충분하다.

우리 집 꿀팁

- 손끝이 무뎌 능숙하게 하지 못한다는 사실을 신경 쓰고 있고 거부감도 가지고 있었으므로, 순서를 생각해 작업을 세분화해서 하기 쉽게 만들었다. (7세 여아)

- 왼손잡이다. 유치원의 고학년 반에 있을 때, 젓가락질이 서툴거나 연필을 제대로 못 잡기도 하고, 글을 쓰지 못하거나 가위를 제대로 사용하지 못하는 등의 어려움이 있었다. 집 근처에서는 왼손잡이용 보조도구를 팔지 않아 개별적으로 연습하는 데 한계가 있었다. 지원 센터에서 작업치료사와 함께 연습하면서부터는 가위나 연필을 제대로 쥘 수 있게 되었다. 젓가락은 1학년 2학기 때 울어도 아랑곳하지 않고 연습을 시킨 덕에 지금은 그럭저럭 사용한다. 어린이용 젓가락이 더는 손에 맞지 않아 어른이 사용하는 긴 젓가락을 쓰게 했더니 젓가락질에 문제가 없어졌다. (7세 남아)

- 자, 컴퍼스, 리코더와 같은 도구를 제대로 사용하지 못했다. 자는 미끄럼 방지 기능이 있는 것을 사용하고, 컴퍼스는 손에 쥐고 쓸 수 있는 보조도구에 4B 연필을 끼워서 사용했다. 리코더 구멍에도 보조도구를 끼웠다. 악기 연습은 금세 지치므로, 하루 5분씩 매일 연습시키고 있다. (8세 여아)

- 페트병 뚜껑을 지금도 잘 따지 못하는데, 특히 경량 페트병은 말랑말랑해서 힘 조절이 어려워 고전하고 있었다. 뚜껑을 살짝 돌린 다음 열게 해 감각을 익히게 했더니 문제없이 뚜껑을 열 수 있었다. 앞으로 조금만 더 하면 완벽하게 열 수 있을 것 같다. (10세 남아)

6 미술 시간이 불안한 아이

◆ 눈과 손의 협응성에 문제가 있을지도 모른다

가위나 풀의 사용이 미숙한가? 그림을 그리거나 색칠하기 힘들어 하는가? 종이의 끝을 맞춰서 접을 수 없는가? 이렇듯 손으로 하는 작업이 어려운 아이, 손가락에 힘을 주지 못해 가위나 연필과 같은 도구를 제대로 다루지 못하는 아이는 미술 시간이 괴로울 따름이다.

그림을 그리거나 만들기를 할 때는 양손을 따로따로 움직이는 협응 동작이 필요하다. 나아가, 목표를 정해 눈으로 확인하면서 종이를 자르거나 붓으로 그림을 그리려면 눈과 손의 협응성이 필요하다. 이러한 협응이 제대

로 이뤄지지 않으면 보거나 생각한 대로 손을 움직일 수 없다.

고학년이 되면 배우는 실과는 미술 수업보다 난도가 훨씬 높다. 그러므로 되도록 빨리 손으로 하는 작업의 거부감을 없애주어야 한다.

대책 1 작업하기 쉬운 환경 마련하기

미술 수업을 따라가지 못하는 아이 중에는 손에 풀이 묻는 느낌, 점토의 질척이는 감각, 또는 물감 냄새를 싫어하는 감각 과민의 기질을 지닌 아이가 있을 수 있다. 예를 들어, 손에 풀이 묻은 느낌을 싫어한다면 젖은 수건

대책 1
POINT
감각 과민을 고려해 저항감 없이 사용할 수 있는 도구를 준비하자

으로 손을 깨끗하게 닦을 수 있게 한다. 밀가루 점토나 슬라임처럼 풀과 비슷한 감촉의 장난감으로 놀이를 하는 방법도 추천한다. 무엇을 할지 이미 알고 있다면 집에서 먼저 연습하거나, 수업에서 사용할 재료를 미리 만져보게 하면 저항감이 사라질지도 모른다.

그렇지만, 이런저런 노력에도 풀을 싫어한다면 학교에서는 고체형 풀이나 테이프형 풀을 사용할 수 없는지 미리 학교 측과 상담하면 좋다.

또한, 청각 과민이 있는 아이는 반이 소란스러우면 그 자리에서 작업하기 어려울 수 있다. 이러한 경우도 마음을 가라앉힐 수 있는 환경을 마련하도록 담임 선생님과 상담한다.

(대책 2) 만드는 순서와 견본 보여주기

작업 순서를 몰라 거부감을 가지는 아이에게는 순서를 알아보기 쉽게 견본을 제시한다. 종이의 끝과 끝 맞추기 등, 눈으로 보고 생각한 대로 손을 움직이는 것이 어렵다면 시각을 보완하는 방법을 연구한다. 종이에 접는 선을 그리거나 맞춰야 하는 각에 펀칭기로 구멍을 뚫어 위치를 알려준다. 풀로 종이를 붙일 때 어긋난다면, 풀을 바르는 곳에 펜 등으로 표시를 해두면 좋다. 또한, 붙일 종이와 대지를 서로 다른 색으로 하면 혼란을 막을 수 있다.

미술 이외에도 기술, 가정 등 반을 이동해야 하는 수업은 환경이 바뀌므로 주의가 산만해지기 마련이다.

대책 2
POINT

포인트에 표식을 넣어
방법이나 순서를 알기 쉽게 나타내자

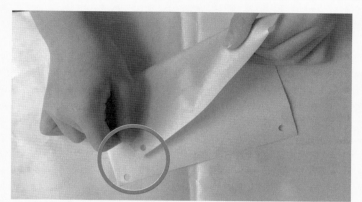

종이 모서리에 구멍을 뚫고 이를 표식으로 삼으면 종이접기가 쉬워진다.

작업을 대충 하는 아이는 시간보다 빨리 끝나 심심해져서 주변을 어슬렁 거릴지도 모른다. 이러한 아이에게는 남는 시간 동안 그림을 한 장 더 그리 게 하는 등, 추가로 할 일을 만들어 주면 좋다.

(대책3) 스몰 스텝으로 접근해 손가락 움직이는 연습하기

손가락 힘을 기르기 위해서는 점토를 뭉개거나 밀가루를 반죽하는 등, 손 가락 끝으로 무언가를 세게 누르는 동작이 효과적이다. 또한, 검지로 물감 을 찍어 종이에 묻히는 놀이에서는 종이접기를 할 때 손가락 안쪽으로 접

는 선을 꾹꾹 누르는 행동을 연습할 수 있다. 그밖에도 붓으로 다양한 굵기의 선을 그리면서 손가락 힘의 강약을 조절하거나 돈을 저금통 구멍에 밀어 넣으면서 손가락을 다루는 힘을 기를 수 있다. 종이 아래에 동전이나 잎사귀 등 울퉁불퉁한 것을 놓고 연필이나 크레파스로 그 위를 칠하는 놀이를 하면 진동이나 충격이 손가락으로 전달되어 손가락 감각이 발달한다.

연속으로 가위질을 하는 걸 어려워하는 아이도 있다. 이러한 경우에는 가늘고 긴 종이를 한 번에 자르는 연습부터 시작한다. 종이를 끝까지 다 자르게 하고 그다음에는 두꺼운 종이를 준비해 가위질을 두 번 해서 자르게 한다. 이 또한 문제없었다면 더 두꺼운 종이를 준비해 연속으로 가위질을 하게 한다.

'싹둑싹둑' 자르는 가위질이 능숙해졌다면, 네모나 동그라미와 같은 도형을 자르게 해본다. 가위를 움직이는 게 아니라 종이를 움직이면 잘 자를 수 있다는 사실을 알려준다. '가위질 연습'이라고 말하기보다 '다음에는 동그랗게 잘라보자', '종이 꽃가루를 만들어보자'라는 말로 유도하는 편이 아이의 의욕을 부추길 수 있다.

 손끝이 무딘 아이는 사용하기 쉬운 도구로 바꾸기만 해도 거부감이 대부분 해소된다.

우리 집 꿀팁

• 그리기, 만들기와 같은 미술 수업을 전반적으로 잘 따라가지 못한다. 사생대회처럼 사전에 공지된 행사는 그 전날 한 번 그림을 연습해 본다. 만들기에 사용할 재료도 미리 만져보게 한다. 거부감이 심해지지 않도록 완성도와는 상관없이 그리기나 만들기를 한 것 자체를 칭찬해주고, 좋아하는 운동을 하게 해 기분전환을 시켜준다. (7세 남아)

7 체육 시간이 두려운 아이

◆ 체육 수업에 참여하기 싫어한다

초등학생인 민수는 체육 수업을 싫어한다. 체조할 때 친구들과 똑같은 동작을 할 수가 없기 때문이다. 선생님을 보고 열심히 따라 하지만, 항상 한 박자 늦거나 동작이 어색하다. 손을 신경 쓰다가 발을 움직여야 한다는 사실을 잊어버리거나, 좌우가 다른 움직임은 도중에 따라 하지 못한다. 운동회 때 하는 단체 댄스도 혼자만 틀리다 보니 항상 나머지 연습을 해야 한다. 구기 종목과도 친하지 않아서 피구를 할 때는 같은 편에게 패스한 공을 항상 상대편에게 빼앗기는 통에 아무도 민수에게 공을 돌리지 않

272

는다.

반 대항 줄넘기 시합을 할 때도 줄이 항상 민수의 발에 걸려 연습하는 동안은 항상 우울해한다. 매트 운동이나 뜀틀도 서툴러서 제대로 구르거나 뛰어넘은 적이 없다. 어쨌든 운동은 전반적으로 미숙하기 때문에 쉬는 시간에도 친구들과 밖에 놀러 나가지 않고, 체육 수업이 있는 날은 아침부터 울어대니 부모로서는 난감할 따름이다.

(대책1) 따라 하기 쉬운 환경 마련하기

체육 수업에 참여하고 싶지 않은 이유로 우선은 심리적 요인을 생각할 수 있다. 아이가 왜 체육을 싫어하는지 그 배경을 살펴보는 것이 중요하다. 경험이 없어서 싫어한다면, DVD나 YouTube 등 동영상을 보여주어 무엇을 어떻게 하는지 영상으로 이해시키는 방법이 있다. 아이 또한 해야 할 일을 눈으로 확인하게 되니 안심할 수 있을 것이다.

체육이나 음악 수업은 국어나 산수와 같은 단체 수업과는 달리 한 사람씩 연습하거나 연주할 기회가 있으므로, 잘하지 못하면 눈에 띌 가능성이 매우 크다. 그로 인해 반 친구들로부터 비웃음을 사거나 놀림을 받는다면 자신감도 떨어지게 될 것이다. 아이는, 친구들 앞에서 구경거리가 되기 싫다고 생각할 수 있다.

그러므로 친구들 앞에서 말고 따로 연습할 수 있도록 담임 선생님께 부탁한다. 사람들의 시선을 신경 쓰지 않고 할 수 있으므로 아이도 마음 편히

연습할 수 있을 것이다. 또한, 가족들만 있는 집에서 충분히 연습시키는 방법도 고려해 볼 수 있다.

대책 2 어려운 동작은 평소에 집에서 연습하기

특정한 동작이 서툴러 체육 수업을 싫어할 수도 있다. 만일 집에서도 할 수 있는 동작이라면 평소에 연습시켜보자. 예를 들어 철봉 앞돌기를 못하는 아이라면 '발판'과 같은 보조도구를 이용해 연습시키고, 줄넘기를 못하는 아이라면 줄넘기 대신 후프를 이용하는 '후프 줄넘기'를 추천해도 좋다.

보조도구를 잘 활용할 수 있는
연습 방법을 연구해 보자

후프 줄넘기   발판을 이용한 철봉 뒤돌기

　피구를 못하는 아이에게는 맞아도 아프지 않은 배구공을 사용하거나, 던지기를 못한다면 공을 피하게만 하거나 옆으로 던져도 괜찮다고 알려주는 등 아이가 할 수 있는 범위에 맞게 그 규칙을 변경해도 좋다. 춤이 서툰 아이에게는 동영상을 보여준다. 손발의 움직임을 자세히 파악할 수 있으므로 따라 하기 쉬울 것이다.

　운동 자체가 서툰 아이에게 몇 시간이나 같은 동작을 무리하게 연습시키는 건 좋은 방법이 아니다. 스파르타식 운동 강습은 아이에게 거부감만 안겨줄 뿐이다. 실패의 정도에 맞게 스몰 스텝으로 접근해 성공하는 경험을 쌓게 하고 자신감을 심어주는 일이 중요하다.

　운동신경의 좋고 나쁨은 유전자만으로 결정되지 않는다. 반드시 될 거라는 보장은 없지만, 몸을 움직이는 경험을 늘리다 보면 자연스럽게 상황이 개선되기도 한다. 못할 거라는 생각에 사로잡히면 몸은 더욱 굳어버리고 만다. 집에서도 할 수 있는 운동부터 도전하면서 몸을 움직이는 경험을 조금씩 늘려가야 한다.

 실패의 정도에 맞춰 평소에 몸을 움직이는 기회를 늘리며 소소한 성공 체험을 쌓게 한다.

우리 집 꿀팁

- 줄넘기나 뜀틀을 어려워한다. 운동을 못 했기 때문에, 몸을 움직이기 위해 어릴 때부터 체조 교실에 다니기 시작했다. 처음에는 줄을 서는 것조차 하지 못했지만, 지금은 재미있게 다니고 있다. (7세 남아)

- 피구를 할 때 볼을 받아 던지는 걸 어려워해서 볼을 피하는 동작을 맹훈련했다. 그 결과, 필드 안에서 끝까지 살아남을 수 있게 되었다. 볼을 피해 살아남는 것도 훌륭한 전략이라고 생각한다. (7세 남아)

- 단체 줄넘기를 어려워했다. 선생님의 구령에 맞춰 줄 안으로 들어가게 하고, 트램펄린에서 뛰기 연습을 시켰다. (9세 남아)

- 춤을 못 춰서 운동회 연습에 참가하지 않았었다. 담임 선생님으로부터 안무 DVD를 받아 집에서 함께 연습하기도 했고, 학교에서는 선생님이 옆에서 세어주는 박자에 맞춰 연습한 결과 실전에 무사히 참가할 수 있었다. (7세 남아)

- 운동 자체를 싫어한다. 움직임을 세세하게 나누어 설명하거나 동영상을 보여주면 따라 하기도 한다. (8세 남아)

- 일단 몸을 쓰는 일이 서툴러 자존심을 상해했다. 체조 교실에 등록해 '웃으면서 즐겁게 몸을 움직이면 인생이 재미있어진다'라는 사실을 피부로 느끼게 했더니 지금은 농구부에서 활약할 정도로 밝게 변했다. (11세 남아)

- 공놀이, 줄넘기, 자전거 타기 등이 아직 미숙하다. 작업 치료(Occupational Therapy, OT)를 통해 훈련하고 있다. (8세 남아)

커밍아웃

커밍아웃이란, 지금까지 밝히지 않았던, 사람들에게 알리고 싶지 않은 일을 고백하는 것을 말한다. 여기서는 발달장애라는 사실을 밝히는 것을 가리킨다.

이번에 LITALICO 발달 NAVI와 함께 설문조사를 실시했다.[29]

Q. 주위에 아이의 장애를 커밍아웃했습니까?

네 … 62% / 아니오 … 24% / 진단받지 않음 … 14%

Q. 커밍아웃하게 된 계기를 알려주세요.

진단받았을 때, 또는 유치원이나 초등학교에 입학할 때 선생님과 주변 부모들에게 커밍아웃하는 사람들이 대다수였다. 반이 바뀔 때마다 학부모회에 알리는 사람도 있었다. 나쁜 인상을 심어주고 싶지 않아 커밍아웃했다는 학부모가 많이 눈에 띄었다.

커밍아웃한 이유는 아래와 같았다.

---

29 ※LITALICO 발달 NAVI 이용자를 대상으로 한 설문조사인 '발달 상태가 의심되는 초등학생에 대한 설문조사'(참여 수: 537건, 2019년 5월 10일~17일 실시)에서 발췌.

• 학교 선생님

진단 사실을 선생님께 알리는 이유는 아이가 어려워하는 점을 노력 부족이나 고집으로 받아들이지 않고 이해해 주며, 필요에 따라 개별적으로 배려해주기를 바라기 때문이다.

• 다른 학부모

커밍아웃할지 말지는 아이 본인과 가족의 자유다. 중요한 건, 여기에 '본인의 의사'가 포함된다는 점이다. 본인이 알리고 싶지 않을 수도 있으므로, 커밍아웃은 당사자에게 먼저 확인한 다음 해야 한다.

커밍아웃은 긍정적인 면과 부정적인 면 모두를 갖고 있는데, 만일 듣는 사람이 발달장애에 대한 편견을 갖고 있다면 부정적인 면이 강조되기도 한다. 그래서 일반적으로는 매우 친한 사람이나 정말로 알아주길 바라는 사람에게만 알린다. 다른 학부모들은 장애에 대한 이해가 부족하기에 반에서 눈에 띄는 행동을 했을 때 이상한 아이라는 오해를 받거나 나쁜 아이 취급을 받지 않기 위해 커밍아웃을 한다.

누구에게 어떻게 알릴지는 큰 문제다. 학교는 묵비 의무[30]가 있어 교사들 사이에서만 공유하지만, 같은 반의 학부모는 그렇지 않다. 또한, 진단받은 장애 명칭을 전달할지, 그 특성만을 전달할지에 대한 문제도 있다. 그러므로 커밍아웃할 때는 당사자가 있는 자리에서 장단점을 따져가며 신중하게 결정하도록 한다.

---

30 업무를 처리하는 가운데 알게 된 사실에 대하여 비밀을 지켜야 할 의무. 주로 공무원, 변호사, 의사, 공증인 등과 관련하여 규정하고 있다.

Q. 커밍아웃해서 좋았던 점을 알려주세요.

- 진단을 받기 전에는 계속 '고집불통', '예의 없는 아이'라는 말을 들어 아이와 부모 모두 무척 괴로웠다. 학교의 대응이 바뀐 덕분에 등교를 거부하는 기색도 줄어들고 열심히 하려는 모습이 부쩍 늘었다. (9세 남아)

- 남들이 눈살을 찌푸리던 일들도 '역시'하는 반응으로 바뀌었다. 주변 사람들도 이야기를 듣고 이해해 주었다. 입학 후에는 아이와 함께 학교에 가는 일도 허락받을 수 있었다. (7세 여아)

- 아이가 무슨 일을 저질러도 너그럽게 봐주게 되었다. 감추고 있었을 때는 주변 사람들과의 관계가 껄끄러웠는데, 빨리 커밍아웃해서 다행이라고 생각한다. (9세 남아)

- 선생님이 잘 돌봐주시고 할 수 있는 범위의 숙제만 내주었으므로, 부모도 아이도 스트레스가 줄고 매일 숙제를 끝까지 마칠 수 있게 되었다. 새로운 담임 선생님에게도 정보와 대처법을 잘 전달해 주셨다. (8세 남아)

- 비상근 교사의 도움을 받는 등, 다양한 지원을 요청할 수 있게 되었다. 장애와 관련된 모임이나 강사를 소개받기도 했다. (9세 남아)

- 학교와 가족들이 함께 아이에게 맞는 대응 방법을 의논할 수 있게 되었다. 정형발달 아동이라면 누구나 할 수 있는 일에 아이가 참가하지 못해도 억지로 할 필요 없다는 소리를 듣게 되었다. 부모로서는 아이의 등을 떠밀지 않아도 된다는 사실만으로 부담이 줄어드니 그저 감사할 따름이다. (8세 남아)

- 휴일에 함께 외출하거나 어울리는 일이 많은 가족에게는 장애 사실을 밝혔다. 하던 일을 계속 하려고 하거나 귀가를 거부할 때마다 아이가 안정을 되찾을 때까지 함께 기다려주기 때문에 무척 도움이 된다. (10세 남아)
- 예의가 없는 게 아니라, 본인의 특성이라고 이해해 주니 부모로서 마음이 한층 가벼워졌다. 그리고 주변에 도움을 요청하기 수월해졌다. (10세 남아)
- 어린이회 등 모임 참석의 권유를 받아도 큰 집단의 행사에 참가하면 아이가 스트레스 때문에 상태가 나빠진다고 딱 잘라 거절할 수 있게 되었다. (10세 남아)

Q. 커밍아웃해서 나빴던 점을 알려주세요.

- 학교가 장애에 대해 차별적인 생각을 갖고 있다는 사실을 입학 전에 알게 되어 다행이었다. (8세 남아)
- 같은 발달 교실을 다니고 있는 아이의 어머니로부터 "아이가 평범한 것 같은데 왜 진단을 받았어요? 자기 애를 장애인으로 만들고 싶었어요?"와 같은 식의 말을 들었을 때 충격이었다. 아직까지는 발달장애에 대한 이해도가 낮다는 느낌을 받았던 순간이었다. (8세 여아)
- 믿을 수 있는 사람이라고 생각해서 밝혔는데, 그 사람의 아이들이 아들을 대하는 태도가 차갑게 변했다. (10세 남아)

- 친구 집에 놀러 갔을 때 발달성 협응 장애[31]라는 사실을 밝혔다. 하지만, 지금 생각해 보면 다른 아이들에 비해 약간 몸치에 불과해 말하지 말걸, 하고 후회했다. 그 후로는 친구 집에 초대받지 못했다. 아이에게 못 할 짓을 한 것 같은 기분이었다. (10세 여아)

---

31 줄여서 DCD라도로 한다. 발달단계를 고려했을 때 해당하는 나이대에 기대할 수 있는 신체 활동이 있다. 그러나 이를 제대로 수행할 수 없어서 숟가락질이나 글씨쓰기를 어려워하고, 걷다가도 잘 넘어지는 등의 행동을 보인다. 운동 협응이 잘 이루어지지 않으므로 몸을 움직일 때 못 하거나, 많은 연습이 필요하거나 시간이 오래 걸린다. 더 성장해도 크게 나아지거나 익숙하게 활동하기 어렵다.

초등학교 졸업 후의 진로에 관한 고민

이번에 LITALICO 발달 NAVI와 함께 설문조사를 실시했다.[32]

Q. 아이의 진로에 관한 불안이 있습니까?

네 … 84% / 아니오 … 16%

Q. 어떤 부분이 불안하다고 생각합니까?

• 자립할 수 있을까?

• 진학해서 학교에 적응할 수 있을까?

• 왕따를 당하거나 무리에서 소외되지 않을까?

• 취업해서 사회에 어울릴 수 있을까?

• 연애나 결혼을 할 수 있을까?

• 행복할 수 있을까?

• (부모가) 일을 계속할 수 있을까?

• 돈이 얼마나 들까?

• 부모가 죽고 나면 어떻게 될까? (한부모 가정, 한 자녀 가정은 특히 불안)

즉, 학년이 올라갈수록 '불안'하다고 대답하는 사람이 많았다. 장애가 있

---

32 ※LITALICO 발달 NAVI 이용자를 대상으로 한 설문조사인 '발달 상태가 의심되는 초등학생에 대한 설문
조사'(참여 수: 537건, 2019년 5월 10일~17일 실시)에서 발췌.

지만 장애판정은 받지 못하는 그레이 존인 경우, '정형발달 아동과 함께 지낼 수 있는지 불안', '합리적인 배려를 받을 수 있을지 불안'이라는 의견이 많이 보였다.

Q. 불안을 해소하는 방법이 있다면 알려주세요.

- 장애아동의 부모 모임이나 장애인 그룹홈[33]에 나가 정보를 얻고 있다. (7세 여아)
- 전원 일체감을 강조하는 공립 학교는 맞지 않을 것 같아 국립 · 사립 중학교를 알아보고 있다. (8세 여아)
- 현재 장애판정을 받지 못해 특수학교로 진학할 수 없으므로 발달장애 아동도 입학할 수 있는 학교의 설명회나 견학에 참석하고 있다. 자유학교의 정보도 확인하고 있다. (9세 남아)
- 현재, 발달장애와 그레이 존 사이의 경계선인 매우 미묘한 위치에 있어 앞으로 어떻게 되느냐에 따라 진로도 바뀌게 된다. 정보를 수집해 이미지 트레이닝은 하고 있지만, 일이 예상과는 다르게 흘러가는 경우가 많아 폭넓은 정보, 편중되지 않은 사고방식을 통해 유연한 방향성을 유지하도록 노력 중이다. (8세 남아)

아이의 장래와 진로에 관한 고민은 장애의 유무와 상관없이 어느 부모나 안고 있다. 일본의 경우 의무교육이 끝난 뒤에도 장애에 대해 배려해주

---

33 어려운 환경에 처한 노숙자, 장애인, 가출 청소년 등이 자립할 때까지 자활의 꿈을 키워나갈 수 있게 도와주고, 가족 같은 분위기에서 공동체 생활을 할 수 있게 만드는 소규모 시설.

는 학교나 직장도 늘어나 상담실 운영, 취업 지원 제도가 충실하게 마련되어 있다. 지역 사회에는 몇몇 상담 기관이나 지원자들도 있다. 장애가 있는 아이를 키우는 선배 부모와 이어주는 페어런트 멘토parent mentor 제도도 있다.[34] 설령, 이러한 곳들과 제대로 연계하지 못했다 하더라도 다른 지역의 또 다른 사람들이나 기관과 연계할 수도 있다. 신뢰할 수 있는 상담처나 지원자를 만들어 정보를 모은다면, 자신은 깨닫지 못했던 시점의 의견을 얻을 수 있고 멘토의 체험을 공감하거나 참고할 수 있을 것이다.

상담할 수 있는 사람을 찾을 때는 처음에는 용기가 필요하겠지만, 혼자서 육아를 감내하지 말고 한 번뿐인 초등학교 생활을 아이가 즐겁게 보낼 수 있도록 가까이에 상담할 수 있는 사람을 만들어 나가야 할 것이다.

---

34 한국의 경우 장애인복지관이나 각 지자체 홈페이지의 장애인복지 코너를 통해 진로 · 구직상담, 취업지원, '직업적응훈련반' 모집 등의 정보를 찾아볼 수 있다.

MEMO

MEMO

발달장애 & 그레이 존
아이의 미래는 **초등 6년**에 결정된다

초판인쇄 2024년 03월 29일
초판발행 2024년 03월 29일

지은이 이노우에 마사히코(감수) · LITALICO 발달 NAVI 편집부(협력)
옮긴이 일본콘텐츠전문번역팀
발행인 채종준

출판총괄 박능원
국제업무 채보라
책임번역 문서영
책임편집 유나
디자인 홍은표
마케팅 전예리 · 조희진 · 안영은
전자책 정담자리

브랜드 이담북스
주소 경기도 파주시 회동길 230 (문발동)
투고문의 ksibook13@kstudy.com

발행처 한국학술정보(주)
출판신고 2003년 9월 25일 제406-2003-000012호
인쇄 북토리

ISBN 979-11-7217-156-8 13370

이담북스는 한국학술정보(주)의 학술/학습도서 출판 브랜드입니다.
이 시대 꼭 필요한 것만 담아 독자와 함께 공유한다는 의미를 나타냈습니다.
다양한 분야 전문가의 지식과 경험을 고스란히 전해 배움의 즐거움을 선물하는 책을 만들고자 합니다.